HEYNE
BÜCHER

HEIDE-MARIE EMMERMANN

DIE HEILIGE HURE

»Credo an Gott

und sein Fleisch«

WILHELM HEYNE VERLAG
MÜNCHEN

HEYNE ALLGEMEINE REIHE
Nr. 01/8612

Das Buch erschien bereits
unter dem Titel »Credo an Gott und sein Fleisch«

Copyright © 1991 by Hoffmann und Campe Verlag, Hamburg
Wilhelm Heyne Verlag GmbH & Co. KG, München
Printed in Germany 1992
Umschlagillustration: IFA-Bilderteam/Digue, Taufkirchen
Umschlaggestaltung: Atelier Ingrid Schütz, München
Satz: Compusatz GmbH, München
Druck und Bindung: Ebner Ulm

ISBN: 3-453-06114-4

Für Juni, Undine, Pummy, Helga und Benjamina

EINLEITUNG

Ich glaube an Gott und sein Fleisch.

An Gott, dessen Ebenbild ich bin, dessen Partner, dessen Geschöpf, also auch dessen Fleisch.

An Gott, der sagt: »Ich werde als mein Volk berufen, was nicht mein Volk war und als Geliebte jene, die nicht geliebt war.« (Röm 9,25)

An Gott, der sein Erbarmen schenkt, wem er will, der Gnade erweist, wem er will.

An Gott, der den Menschen das Gebot der Liebe gegeben hat: »Bleibt niemand etwas schuldig; nur die Liebe schuldet ihr einander immer. Wer den andern liebt, hat das Gesetz erfüllt. Denn die Gebote: *Du sollst nicht die Ehe brechen, du sollst nicht töten, du sollst nicht stehlen, du sollst nicht begehren!* und alle anderen Gebote sind in dem einen Satz zusammengefaßt: *Du sollst deinen Nächsten lieben wie dich selbst.* Die Liebe tut dem Nächsten nichts Böses. Also ist die Liebe die Erfüllung des Gesetzes.« (Röm 13,8–10)

Ich glaube an Gott, der mir meine Liebe, meine Leidenschaften, meine Abhängigkeiten gibt, die ich nicht tragen will wie ein Kreuz, sondern annehmen wie einen Auftrag.

Ich will mich nicht herumdrücken, will nichts in den psychischen Abgrund, ins moralistische Schattenreich verbannen, ich will meine Leidenschaften leben, sie erleben, ertragen.

»Stark wie der Tod ist die Liebe, die Leidenschaft ist hart wie die Unterwelt. Ihre Gluten sind Feuergluten, gewaltige Flammen«, heißt es schon im Alten Testament, im Hohelied (8,6). Dem will ich mich stellen. Denn wenn ich davon ausgehe, daß alles, aber auch alles, was ich bin und habe, von Gott kommt, dann habe ich kein Recht, ängstlich etwas zu verdrängen, zu verbannen. Im Gegenteil: In meinen Leidenschaften spüre ich Gottes Faust, hier fordert ER mich ganz ein, ohne Kompromiß. Hier muß ich

Stellung beziehen, wach werden, erwachsen werden, handeln, selber die Verantwortung übernehmen, mich nicht verstecken hinter strukturellen Vorschriften. Denn Gott ist nicht so klein, daß er sich nur in menschlichen Strukturen aufhält. Gott ist all-umfassend, auch die Sexualität umfassend, ist kata holos.

Nur wenn ich mich nicht meinen Ängsten, meinen Wahrheiten stelle, die ich manchmal als Abgründe empfinde, wenn ich lau bin, wird alles Gelebte falsch, abartig, krank.

Aber ich will heiß sein, und ich will kalt sein, und ich will leben in der Gewißheit, daß nichts uns scheiden kann von der Liebe Christi: »Denn ich bin gewiß: Weder Tod noch Leben, weder Engel noch Mächte, weder Gegenwärtiges noch Zukünftiges, weder Gewalten der Höhe oder Tiefe noch irgendeine andere Kreatur können uns scheiden von der Liebe Gottes, die in Christus Jesus ist, unserem Herrn.« (Röm 8, 38, 39)

Heide-Marie Emmermann
Januar 1991

1

Wieso gerade Theologie?

Alles spricht dagegen oder: Wo ist Gott?

1942: Schwere Bombenangriffe über Hannover. Eine hochschwangere Frau schiebt ein Fahrrad, daran hängt das Nötigste für die Klinik. Sie weicht schwelenden Trümmern aus – immer wieder muß sie Umwege um Löcher in der Straße machen. Noch sieben Kilometer bis zur Klinik – die Abstände zwischen den Wehen werden kürzer. Sie ist allein. Die zehnjährige Tochter ist im Luftschutzkeller zurückgeblieben, der Mann irgendwo, sie weiß nicht, wo – eingezogen, Soldat.

Wo ist Gott?

Kaum in der Klinik – mittags, ein neuer Bombenangriff. Die hochschwangere Frau ruft: »Mein Herz, mein Herz!« Mehr weiß sie nicht. Atemstillstand. Als sie wieder zu sich kommt, der Brustkorb schmerzt von der Herzmassage, ist der Bombenangriff vorüber, ich bin da.

Wo ist Gott?

Die Mutter verbringt mit dem Baby drei weitere Jahre im Keller. Angst, Zerstörung, Hunger.

Wo ist Gott?

Der heiß zurücksehnte Vater kommt aus der Gefangenschaft zurück. Während seiner Malariaanfälle läßt er uns Kinder wie auf dem Militärhof antreten, ich muß hundertmal das Vierte Gebot aufschreiben, wenn ich in seinen Augen irgendeine kleine Übertretung begangen habe. Bei meiner Mutter galten andere Regeln. Ich bekomme die ersten Schläge, die wirklich schmerzen, weil sie lediglich das Recht des Stärkeren zeigen.

Wo ist Gott?

In der Schule beneide ich die Mädchen – es gibt noch

keine gemischten Schulklassen –, deren Väter nicht aus dem Krieg heimgekommen sind. Sie sind »Halbwaisen«, bekommen Schulgeld- und Lehrmittelfreiheit – ihr Vater ist Vater Staat, der besser für sie sorgt als meiner. Ich kann nicht auf die »Höhere Schule« gehen, weil wir kein Geld haben.

Wo ist Gott?

Draußen ist der Krieg vorbei – zumindest herrscht Waffenstillstand. Hier, in der Familie, beginnt der Krieg erst, ein Krieg, der tiefe Wunden schlägt: ein Psychokrieg. Kein Tag vergeht ohne Streit – stets geht es um das gleiche: Erziehungsgrundsätze. Vater will Gehorsam, seinen Gehorsam, dessen Kriterien keiner kennt, Mutter will Liebe.

Vater: »Dieser Träumer, die soll endlich mal arbeiten lernen.«

Mutter: »Laß sie, sie sitzt nicht herum, sie macht Schularbeiten. Das ist ein Kapital fürs Leben. Das andere, Praktische, wird sie schon noch lernen.«

Ich enttäusche Mutter nicht, ich kann »praktisch« alles: Lichtleitungen und Autos reparieren, kochen und nähen, sparsam einkaufen und den Garten umgraben. Jahre später sagt daher ein Mann zu mir: »Du brauchst ja gar keinen Mann, du kannst ja alles selber.« Meine Antwort darauf: »Stimmt, ich kann mir den Luxus der Liebe leisten.«

Wo ist Gott?

Als ich ein »Backfisch« bin, haben die Eltern sich schon total entfremdet. Jeden Abend gibt es Streit, immer beim Abendessen. Und nie kann ich essen. Vater steht mit dem Stock hinter mir, zwingt mich zum Essen. Ich übergebe mich. Vater schlägt mir mit dem Stock auf den Kopf. Jeden Abend das gleiche. Bis Mutter einschreitet und zurückschlägt.

Wo ist Gott?

Vater stirbt an Krebs. Meine Fragen über den Lebenssinn an die Zuständigen in der Kirche werden dort leichtfertig abgetan. Ich möchte mir zum erstenmal das Leben nehmen.

Wo ist Gott?

Drei Wochen nach dem Tod des Vaters werde ich vergewaltigt. Von Schweizer Messebesuchern in Hannover, die mich nach einem Weg fragten. Das ist meine erste Erfahrung mit Sexualität. Ich spreche darüber erst achtzehn Jahre später in der Analyse.

Wo ist Gott?

Ich trete aus der Kirche aus, gehe aus der Heimat weg – weit weg – nach Südafrika. Ich bin neunzehn Jahre alt. Ich beginne ein neues Leben.

Gott ist tot.

Er bleibt für mich weitere zehn Jahre lang tot. Alles spricht dagegen, Theologie zu studieren.

2

Der Weg zur Theologin

Der Beginn

Zehn Jahre später muß ich am Herzen operiert werden. Ich bringe mein Leben vorher in Ordnung – eigentlich habe ich alles erfahren, was man erfahren kann. Nur Kinder habe ich nicht bekommen. Alles weitere, so denke ich damals, mit Ende Zwanzig, würde nur noch Wiederholung sein.

Als dann alles wieder in Ordnung ist – dreimal komme ich während der Operation zu Bewußtsein, bekomme den Elektroschock mit, der das Herz wieder in Gang setzt, und habe anschließend ein schweres Scheintodtrauma –, als alles wieder in Ordnung ist, lege ich ein Gelübde ab: »Herrgott, nun will ich jeden Tag als wirkliches Geschenk leben. Und ganz wesentlich leben.«

Damals begann mein Weg – nur wußte ich es noch nicht. Denn was meinte ich schon mit »wesentlich leben«? Ich wußte es nicht.

Nur ein paar Monate dauert es, ich arbeite schon wieder als Sekretärin, als eines Abends das Telefon klingelt. Jemand hat sich verwählt. Wir kommen ins Gespräch – jeden Tag ruft dieser Mann wieder an. Er nimmt mich als seine Aufgabe an – hat selbst keine Kinder. Er ist Rechtsanwalt bei einer Firma in Hamburg.

Er gibt keine Ruhe: Ich werde von oben bis unten untersucht, meine Wirbelsäule ist kaputt, er läßt mir Berufsunfähigkeit bescheinigen. Dann veranlaßt er Umschulungs- und Intelligenztests beim Arbeitsamt. Immer wieder die gleichen Antworten: »Sehr intelligent, aber alles verschüttet. Schon zu alt.«

»Das graben wir aus«, sagt er.

Er ist in der Loge, ist Logenbruder und FDP-Abgeordneter. Er führt alle möglichen Geldbeschaffungsprozesse. Ich bin ja so dumm, so dumm. Weiß überhaupt nicht, worum es geht.

Auf einmal bin ich zu einer Aufnahmeprüfung im Hansa-Kolleg – Abitur auf dem Zweiten Bildungsweg – angemeldet. Vorher bringt er mir tagelang bei, wie man einen Aufsatz schreibt, ich habe ja nur Volksschulbildung.

Bei den Prüfungen steht er vor der Tür, damit ich nicht weglaufen kann. Bekomme ich einen Migräneanfall, fährt er mich schnell zum Arzt, ich bekomme eine Spritze, muß wieder rein. Dann habe ich die Prüfungen bestanden. Aber was soll ich tun? Die sichere Arbeitsstelle kündigen? Wo ich hier schon so weit gekommen bin. Grad wollte ich ein neues Auto kaufen von meinen Ersparnissen. Sonst habe ich keine Geldreserven.

Ich bekomme Geldreserven und ein neues Auto, mein Anwalt und die Loge machen es möglich. Es gibt keine Ausreden mehr. Ich würde ganz sicher später mal Hegel studieren, sagt er. Ich habe den Namen nie gehört und tatsächlich Hegel studiert. Und eine gute Hetäre würde ich werden. Ich schlage das Wort im Wörterbuch nach – bin empört, ein Mann, der mich nicht einmal im Arm gehalten hatte, wie kann er so was sagen? Ich schmeiße ihn raus, stelle die Wohnungseinrichtung, die er mir gekauft hat, eines Abends vor die Tür.

Nach zwei Jahren – die schlimmsten Prüfungen sind vorbei, jetzt ist es nur noch eine Sache des Durchhaltens – sage ich ihm, ich hätte mein Abitur so gut wie in der Tasche. Darauf er: »Dann kann ich jetzt sterben... ich habe meine Aufgabe erfüllt.«

Ich reagiere wütend, völlig hilflos. Drei Tage später ist er tatsächlich tot. Er hat mir einen Brief hinterlassen, den ich in Zeiten der Not der Loge geben solle. Damals weiß ich noch nicht, wie wertvoll so ein Brief sein kann, ich werfe ihn weg.

Ich hatte ein Gelübde abgelegt, einem Gott, der tot ist? Wie geht das? Oder kenne ich tief unten, auf dem Grunde der Seele, eventuell noch einen anderen Gott als den strengen, puritanischen Luthergott meiner Kindheit?

Gibt es vielleicht einen gütigen Gott, einen, den ich mir nicht erst gnädig stimmen muß durch eine lutherische Rechtfertigungstheorie, der sich zu einem monströsen Über-Ich auswächst, mich stets erdrückend, stets kontrollierend? Gibt es vielleicht einen, der mich wachsen läßt, einfach so, weil er mich liebt? Einen Gott der Liebe also, von dem Mutter mir manchmal heimlich erzählte. Aber war Mutter nicht gescheitert mit ihrem Gott der Liebe? In meiner Kindheit jedenfalls sieht das so aus während der Kämpfe zwischen meinen Eltern. Und Jesus der Christus, ist der dann auch gescheitert, weil er zu sehr liebte?

Ich will das ganz genau wissen, nur weiß ich noch nicht, wie ich dahinterkommen soll.

Für mich jedenfalls scheint es diesen Gott der Liebe zu geben, und er wirkt bereits. Durch all die Zufälle, die er mir nun schickt. Beginnend mit dem Telefonanrufer, der sich verwählt hat.

In den nächsten Jahren werden mir immer wieder Menschen zugeführt, durch die ich – Stück für Stück – über den Umweg des Studiums der Soziologie, Philosophie und Politik bis hin zum Studium der katholischen Theologie komme. Dort lerne ich einen gütigen Gott kennen, einen, der die Fülle des Universums repräsentiert, einen, der es nicht nötig hat, mich klein zu halten.

Ausgerechnet katholisch

Zum erstenmal hat mich ein Kollegiat vom Hansa-Kolleg – kurz bevor ich mein Abitur machte – mitgenommen in eine katholische Kirche. Danach gehe ich immer wieder hin, entdecke katholische Gotteshäuser.

Der Martin-Luther-Gott im Hinterkopf weicht endlich auf. Jetzt mache ich Erfahrungen: Ich spüre Gott, ich fühle ihn. Anfangs in dem so ganz anderen Gottesdienst bei

14

den Katholiken: in der Ruhe, der Liturgie, den Pausen. Es sind die Sinnesanregung durch liturgische Riten, der Weihrauch, die mich gefangennehmen, und immer wieder: Besinnung. »Messe« heißt das.

Die Kirchen sind nicht abgeschlossen, das eröffnet die Möglichkeiten, zwischendurch am Tage zur Besinnung zu kommen.

Vor allem ist es weniger Predigt, weniger Auf-mich-Einreden, weniger Belehren. Hier kann ich einfach da sein. Loslassen. Ich empfinde die Kirche wirklich als ein Gotteshaus. Am liebsten bin ich einfach da, wenn der Rosenkranz gebetet wird. Bisher habe ich immer gelernt, auf jedes Wort zu achten. Vor allem natürlich im Philosophiestudium. Evangelisch-aufklärerisch. In der katholischen Kirche bekommt das Wort eine ganz andere Bedeutung: Durch das ständig wiederholte »Gegrüßet seist Du, Maria...«, monoton, ohne Hervorhebung einzelner Worte oder Sinnzusammenhänge, ist mir, als gössen sich meine eigenen Gedanken langsam in das Gebet hinein, ohne großes Zutun bewegen sie sich in diesem Strom langsam hin und her, stoßen hier ein wenig an ein Ufer, rollen langsam murmelnd fort.

Zuerst ist da ein schlechtes Gewissen, weil ich nicht auf die einzelnen Worte höre, nicht gleich wieder selber denke, tue. Langsam aber ergeben sich die Gedanken, das Wollen, das Tun von selbst, nicht vom Kopf, von tiefer her.

Lange bevor die große Meditationswelle zu rollen begann, habe ich erfahren, was es bedeuten kann, zu meditieren. Hier. Beim Rosenkranz.

Und ich entdecke mehr aus der Geschichte Gewachsenes, mehr Ruhe, mehr Souveränität als im Protestantismus. In jeder Beziehung viel mehr Fülle in der katholischen Kirche. Das alles ist lange vor dem Theologiestudium, als ich noch Adorno, Marx, Hegel, Habermas, bei Horckheimer studierte. In Frankfurt, wo sonst?

Nach den wütenden 68er Jahren – auch ich ging auf die Straße – suche ich weiter, suchte weiter.

Ich will zur Wurzel – Radix –, radikal.

Und wieder treffe ich jemanden, er studiert Philosophie wie ich und zusätzlich Theologie bei den Jesuiten. Wer ist das – Jesuiten? Er nimmt mich mit, zeigt mir die Hochschule. Ich höre eine Probevorlesung, bekomme den Gasthörerstatus. Dann treffe ich Norbert Lohfink.

Er ist Professor für Exegese, Altes Testament, läßt uns Marx-Texte vergleichen mit dem Auszug aus Ägypten. Die Ergebnisse sind verblüffend.

Ich suche weiter – die Wurzeln von Marx, finde Aristoteles. Und wieder Hegel.

Ich beginne, im Neuen Testament zu lesen. Die einzelnen Sequenzen sind so logisch, so klar aufgebaut. Ich merke, die Soziologie, mit der ich mich beschäftigte, ist da schon drin, und erkenntnistheoretisch sauber ist es auch.

Allmählich begreife ich die Bedeutung des Wortes katholisch – kata holos – alles umfassend.

Adornos »Minima Moralia« auf meinem Nachttisch muß der Bibel, dem Buch der Bücher, weichen.

So beginnt es. Wollte ich nicht wesentlich leben? Und damit gründlich – auf den Grund gehend? Gott hatte mir per Zufall alles Nötige dazu geschickt – nicht ich, Gott selbst löst mein Gelübde ein.

Viele Jahre später, im Rahmen einer Personalgemeinde, wird meine Konversion durch Norbert Lohfink und Rudolf Pesch vollzogen.

Im Priesterseminar oder: Mönchskämpfe

So war also mein Weg. Von der Soziologie und Politik zur katholischen Theologie.

In der Philosophisch-Theologischen Hochschule der Jesuiten »St. Georgen« in Frankfurt bin ich gelandet. Und je länger ich studiere, desto deutlicher wird mir bewußt: Mir fehlt die spirituelle Begleitung, aus der heraus ich vieles besser verstehen würde.

Es dauert ziemlich lange, bis ich das begreife. Hatte ich

doch nie zuvor von »Einkehrtagen«, von »Exerzitien« gehört, weiß nichts von ihrer Wirkweise.

Ich sehe, wie die Jesuitenkommilitonen in einem festen Rhythmus von spirituellen Übungen und Studium stehen und daß sie besser und schneller lernen können. Außerdem, und das ist nicht unerheblich, brauchen sie sich um keinerlei äußere Dinge wie Geld, Wohnung, Essen und so weiter kümmern. Im Fach »Kirchliches Eherecht« bin ich in einer Arbeitsgruppe mit zwei Jesuiten. Es macht Spaß, und wir kommen gut voran, die Übungsaufgaben erhalten fast immer die Note »0«, besser als Eins. Ich stelle fest: Das gemeinsame klare Denken ist wohltuend, bei den kreativen Lösungsvorschlägen einer Aufgabe spiele ich eine wichtige Rolle, aber ich fühle mich nicht so gut wie die anderen. Zwischendurch müssen die jungen Männer oft zum Beten – und kommen frisch, fröhlich und gestärkt zurück. Sie haben die besseren Bedingungen. Das will ich auch haben. Und ich bekomme, was ich will.

Wie immer scheint auch diesmal alles »zufällig« zu geschehen. Ich erzähle Norbert Lohfink – beiläufig – von meinen Geldsorgen. Da schlägt er mich für die Studienstiftung vor – ich werde angenommen, werde gefördert.

Ein paar Wochen später fahre ich mit meiner Mutter in die Schweiz, nach Arosa.

In Chur kommen wir an einem schön gelegenen, großen Gebäude vorbei, das wie ein ehemaliges Kloster aussieht. Wir halten an.

»Theologische Hochschule« steht dran. Wir gehen hinein, ich frage nach dem Rektor. Er, ein Herr von Welt mit großer Bildung, gebürtiger Siebenbürge, führt uns durch das Haus: Was für eine Ruhe, was für eine gute Luft, was für ein Ausblick, was für eine Atmosphäre! Hier könnte man gut lernen und leben und sich vor allem – spirituell einüben!

Der Rektor ist offen für meine Frage: »Wir hatten hier zwar noch nie eine Frau als Studentin, denn das ist ein Priesterseminar, aber warum nicht? Von Rom her würde das sicher nicht genehmigt, aber – wer fragt, bekommt Antworten.« Und mit einem Zwinkern in den Augen: »Die autoritätsgläubigen Deutschen würden sicher vorher fragen. Wir sind hier aber in der Schweiz.«

Im folgenden Semester kann ich im Priesterseminar einziehen. Auch die Studien-Stiftung macht mit. Meine Begründung, der Wunsch nach mehr Spiritualität, klingt plausibel, also würde ich ein höheres Stipendium bekommen und zusätzlich noch mein Studium um diese zwei Semester verlängern dürfen. Ein Auslandsjahr wird im allgemeinen gern gesehen.

Das Priesterseminar ist nur schwach besetzt, ich bekomme einen eigenen Flügel zum Wohnen.

Nun habe ich alles, wovon ich geträumt habe: ein schönes Zimmer, Ruhe fürs Studium, eine riesige Bibliothek, ein Oratorium, eine Kirche, einen schönen gemeinsamen Speisesaal, Aufenthaltsräume, zwei Fernsehzimmer, damit es keinen Programmstreit gibt, einen Tischtennisraum, einen Garten, sogar einen eigenen Weinberg, auf dem das Seminar steht und auf dem der »Luzi-Schiller«-Wein wächst. Nur vierunddreißig Studenten sind da und zehn Professoren, fast wie in griechischen Zeiten, als jeder Philosophiestudent noch seinen eigenen Professor hatte.

Keine Fremden gibt es im großen Haus, keine Übernachtungsgäste. Das Tor wird um 22.00 Uhr geschlossen.

Genau das hatte ich gewollt – ich hatte es bekommen. Doch nun beginnen die Kämpfe mit meinem eigenen Inneren.

Ich, die die Freiheit liebte, ich, die Weitgereiste, ich, die die Männer liebte. Ich fühle mich eingeschlossen.

Dabei habe ich genau gewußt, was ich tue. Der Rektor der Hochschule war vorher nach Frankfurt gekommen, um mir das Leben hier eindringlich zu schildern und um sich von der Ernsthaftigkeit meines Anliegens zu überzeugen. Ich hatte ihn überzeugt. Er hatte mich gewarnt.

Von meinem Zimmer aus überblicke ich die Stadt und

kann weit in das Rheintal hinaussehen. Ein zauberhafter Blick – tags und nachts. Vor allem abends schaue ich auf die Lichter – ich weiß ja, was dort gelebt wird: Freud und Leid, Liebe und Haß, Umarmungen und Abweisungen, Streit und Freude, Tanz und Eifersucht, Vertrauen und Verrat.

All das will ich nicht mehr, ich habe das alles gehabt. Ich bin satt davon. Meine Ruhe will ich. Aber Wollen und Können sind eben zwei grundverschiedene Sachen.

Nun werde ich konfrontiert – mit meinen eigenen Sehnsüchten. Zuerst tue ich das ab – vertiefe mich in die Bücher. Aber wieder und wieder kommen die Sehnsüchte hoch, nach diesem Leben da »draußen«, das ich doch nicht mehr will, das so viel Leid bereitet. Dennoch – die Entsagung wird zur Qual. Ich nenne sie – meine Mönchskämpfe: Jeder Student kennt das. Jeder hat seinen Spiritual, der ihn durch seine Schwierigkeiten begleitet. Denn schließlich gehen die männlichen Kommilitonen auch diesen Weg, sie wollen ja Priester werden, zölibatär leben. Wir werden ermuntert, uns einen der Professoren als Begleiter auszusuchen. Ich traue mich das nicht – sondern bitte um einen Hausschlüssel. Ich muß das Leben, von dem ich nun Abschied nehmen will, doch noch hin und wieder schmecken, sage ich. Als ich den Schlüssel dann habe, der Rektor erteilt diesen Ausnahmestatus, mache ich nur einmal Gebrauch davon. Ich fahre nach Zürich in einen Nachtclub, komme erst gegen Morgen »nach Hause«, zurück ins Priesterseminar. Das Schale dieser oberflächlichen Bedürfnisbefriedigung, das ich dort erlebe, das ist die beste Abschreckung.

Die Qual meiner Mönchskämpfe, in denen ich die Sehnsucht nach einer Umarmung bekämpfe, nimmt langsam ab. Meine ganze Lebenshaltung wird asketisch, die Brücken nach »draußen« brechen ab.

Hilfreich dabei ist die begleitende Einübung in die Spiritualität, die hier so behutsam vorgenommen wird, daß ich es mir nicht besser wünschen könnte. Der Tag beginnt mit der Laudes. Eingeladen sind wir – nicht gezwungen. Das puritanische »ich muß« fällt langsam von mir ab.

Schon nach sechs Wochen verschlafe ich die Laudes nicht mehr, sondern wache pünktlich und ohne Wecker rechtzeitig auf. Ich muß nicht mitsingen, nicht mitbeten, ich bin einfach nur da. Halb wach, halb noch im Traum, so sitze ich wochenlang da. Langsam ändern sich meine Gewohnheiten. Ich kann auch besser aufstehen, beim schnellen Aufspringen wird mir nicht mehr schwarz vor Augen wie früher – über zwanzig Jahre hatte ich kreislaufstützende Medikamente eingenommen, hier werden sie überflüssig.

Der Tag ist ausgefüllt. Laudes, Frühstück, Studium von acht bis zwölf. Dann Mittagessen, Mittagsruhe, Studium bis fünf. Abendessen. Abendhore. Danach Eigenlektüre.

Die Regelmäßigkeit und die äußere Ordnung bringen langsam auch Ordnung in mein Inneres. Das Studium macht Spaß. Ich habe keine Einschlaf- und Durchschlafstörungen mehr. Früher habe ich Sedativa genommen. Ich werde wirklich gesund. Hier habe ich keine Angst, auch nicht vor Prüfungen. Die Professoren kennen mich, ich sie. Sie wissen, was ich kann.

Schwierigkeiten haben nur die das Haus und die Studenten betreuenden Nonnen mit mir. Eine Frau im Priesterseminar als Studentin? Natürlich kommt es zu einer Rollenkonfusion. Denn ich gehöre, wenn überhaupt hierher, dann auf ihre Seite. Kuriosum am Rande: Die Nonnen weigern sich, meine Wäsche zu waschen, mich also genauso zu behandeln wie die männlichen Kommilitonen. So wasche ich meine Wäsche per Hand und in der Badewanne.

Ich werde in den »Hausrat« gewählt. Das alles kannte ich, war ich doch in der Volksschule in der Schülervertretung, im Hansa-Kolleg im Beirat, dann im Studentenheim Frankfurt Flursprecher und später Heimsprecher.

Im »Hausrat« spreche ich das Wäschewasch-Problem an. Selbst der sonst so aufgeschlossene Rektor zeigt sich uneinsichtig: »Wieso, Sie sind doch eine Frau? Das können Sie doch selber!«

»Heißt das, daß Wäschewaschen geschlechtsimmanent ist?«

»Ja, natürlich.«

»Ich bin auch Chef des Fotolabors. Ist das auch geschlechtsimmanent?«

»Nun ja...«

»Wenn wir so diskutieren, dann dürfte ich wohl auch keinen Führerschein haben? Dürfte ich dann überhaupt studieren? Dazu noch katholische Theologie?«

Keine Antwort, dennoch spüre ich Unnachgiebigkeit.

»In Ordnung, meine Herren, ich wasche meine Wäsche selber und hänge meine Unterwäsche dann in Ihrem Flur zum Trocknen auf. Bei mir ist es zu eng.«

Daraufhin werde ich wie die männlichen Studenten behandelt.

Meine Mönchskämpfe werden seltener. Ich lerne Geduld zu haben.

Früher waren fast alle meine Liebschaften nach sechs Monaten in die Brüche gegangen. Vor einer festen Bindung war doch noch soviel anderes zu erleben, dachte ich immer. Selbst meine Ehe hatte nicht lange gehalten, war aus Eifersucht meines Mannes geplatzt. »Besitzdenken des Mannes« war meine Erklärung dafür.

Hier, im Priesterseminar, in dem Spiritualität und asketische Lebenshaltung eingeübt werden, begreife ich, woran so vieles scheitert: Wir geben uns immer viel zuwenig Zeit.

Unser Professor sagt: »Beten kann man nicht von vornherein. Beten ist eine Sache der Einübung. Und wenn mir einer sagt, er könne nicht beten, frage ich ihn, wie lange er es schon geübt hat. Erst wenn er nach zehn Jahren immer noch sagt, er könne nicht beten, dann glaube ich es ihm.«

Welch eine Behutsamkeit und Weisheit spricht aus diesen Worten, welch eine Einsicht und Akzeptanz der menschlichen Zerbrechlichkeit, Ohnmacht, den menschlichen Zweifeln gegenüber!

Alles erscheint mir hier wohl durchdacht, menschlich und vernünftig. Wer zum Beispiel einem Orden beitritt, braucht eine lange Zeit, bis er ganz dazugehört. Zuerst ist er jahrelang ein Novize, in Abständen von mehreren Jahren legt er dann die unterschiedlichen Gelübde ab. Immer wieder: lernen, erkennen, sich selbst prüfen.

Jeder neue Status wird durch Rituale und Liturgien eingeführt – Initiation.

Diese behutsame Einübung in die Spiritualität entspricht der langsamen Transformation sogenannter »naturhafter« Triebe hinein in die göttliche Schöpfungsordnung.

Jetzt begreife ich auch die ursprüngliche Bedeutung der Verlobungszeit zwischen zwei Menschen: ein langsames Vorbereiten auf und Einüben in die Ehe! Und dann die große, festliche Hochzeit. Initiation – rituelles Ablösen aus dem einen Status und Einbettung in einen neuen.

Wir sind in diesen Dingen in unserer ach so reichen Zeit weitgehend verarmt – woher kommen wohl alle unsere Neurosen? – und müssen uns vieles davon wieder, mühsam über den Umweg der Psychologie und fernöstlicher Spiritualität, erarbeiten. Ich habe Glück: Ein gutes Theologiestudium und eine gute Einübung in die Spiritualität bringen dies alles mit sich.

Das wiederhergestellte Paradies

Die Zeit der Ruhe, der Ausgeglichenheit, des Gut-arbeiten-Könnens trat nach ungefähr einem halben Jahr ein. Ich empfand sie wirklich wie das Paradies. Endlich hatte ich meine Ruhe! Liebe fand im Geiste statt. Bei einer Schwester – ich sah durch die geöffnete Tür auf das Bett, ins Zimmer darf man nicht, »Schwellengrenze« – liegt das Kruzifix auf dem Kopfkissen. Jetzt verstehe ich schon, warum sie einen Ehering tragen und »Braut Christi« genannt werden.

Wann immer nun meine »Triebschübe« kommen, knie ich vor das Bett und bete. Es funktioniert. Gott sei Dank! Manchmal bete ich nachts, wenn die Sehnsucht unerträglich wird, im Oratorium oder in der Krypta, stundenlang. Ich hätte nichts dagegen gehabt, gegeißelt zu werden, um damit meine innere Unruhe zu bekämpfen. Im Gegenteil, manchmal hätte ich etwas dafür gegeben, eine Peitsche zu spüren, so stark ist mein innerer Kampf, so stark der Trieb. Nun verstehe ich auch diese Seite – die Geißelung – in den spirituellen Traditionen. Der Trieb kann tatsächlich transformiert werden! Aber eben nur auf diese Weise.

Ich frage mich ganz leise, ob das gottgewollt sein kann. Ob hier nicht eine Wurzel liegt für viele sogenannte Perversitäten. Ich denke an eine Stelle im 1. Korinther, 7,9: »Wenn sie aber nicht enthaltsam leben können, sollen sie heiraten. Es ist besser zu heiraten, als sich in Begierde zu verzehren.« So einfach steht das da. Aber so einfach geht das nicht.

Dennoch empfinde ich ein ganz neues Gefühl der Freiheit, weil ich nun unabhängig sein kann von den Männern.

Auch in meinem Gesicht zeichnet sich das ab. Ich sehe um Jahre jünger aus, fühle mich fast wie kindhaft-unschuldig. Ich gehe mit den Nonnen zusammen schwimmen, natürlich nur, wenn sonst keine Badegäste da sind, und ich kichere mit ihnen jungmädchenhaft über kleine lächerliche Dinge. Und wir tanzen unschuldige Ringelreihen-Volkstänze im Garten des Priesterseminars. Mir tut das wohl, ich kann gut arbeiten und mich völlig auf Gebet, Meditation, Stundengebete und den Sinn der Heiligen Schrift konzentrieren.

Das Paradies ist wiederhergestellt. Auf Kosten der Sexualität. Ich spüre sie nicht mehr. Ist sie vergessen? Oder nur erfolgreich verdrängt?

Schlüsselerfahrung:

1978 mache ich eine Studienreise durch Israel, zusammen mit mehreren Kommilitonen und zwei Professoren-Priestern, die für mich zu einer Schlüsselerfahrung wird. Die Reise gilt als Abschluß des Studienjahres in der Schweiz.

Wir halten einen Wortgottesdienst in der Wüste ab. Historisch gesehen, an der Stelle, an der die Geschichte mit dem Samariter passierte.

Wir beten gemeinsam – in communio – das Vaterunser. In diesem Moment ein ohrenbetäubender Lärm: Hinter der Düne – kaum zwanzig Meter entfernt – steigt ein Kampfflieger auf. Automatisch ziehen wir alle die Köpfe ein – mein Inneres rutscht, rutscht, rutscht. Ich habe nur einen Gedanken: Das ist das Ende. In Bruchteilen von Sekunden läuft mein bisheriges Leben vor mir ab. Das ist das Ende. Keinerlei Gefühl, nur vollkommene Lähmung beherrscht mich.

Wir beten weiter, beten gerade: »Denn Dein ist das Reich, die Kraft und die Herrlichkeit, in Ewigkeit.«

Da – plötzlich Stille: »Ich falle in Deine Hände. Ich lebe im Sterben.« Eine tiefe Ruhe, Totenruhe empfinde ich. Der Spuk ist vorbei, der Bomber weg.

Wir sitzen im Auto und fahren weiter, noch immer kann ich nicht sprechen. Den anderen fällt es spät auf – totenblaß bin ich noch immer. Sie sprechen mich an – schütteln mich –, was wissen die Schweizer vom Krieg?!

Eine Sache für den Psychoanalytiker?

Während eines Bombenangriffs geboren – schwere Geburt – ich wollte nicht kommen – wer will schon in den Krieg?– die ersten drei Lebensjahre im Keller.

Die Situation kenne ich aus den Erzählungen der Mutter: Da ist Angst – wie Elektrizität –, die anderen Frauen schreien, werden hysterisch. Meine Mutter ohrfeigt sie, damit sie zu sich kommen. Die Mutter betet das Vaterunser – pausenlos, monoton. Draußen die Bomber, das

Krachen der Einschläge. »Du als Baby«, so meine Mutter, »hast nie geschrien. Nur völlig steif warst du in meinem Arm. Krabbeltest nur an mir hoch. Ich zog dich immer wieder von meiner Schulter herunter in meinen Arm.«

Und hier, in Israel, nach mehr als dreißig Jahren, die Wiederholung.

Durch das Vaterunser falle ich im Tod in Gottes Hände. Ich habe Vertrauen, Urvertrauen – trotz Hunger, Elend und Zerstörung.

Das ist meine Mitgift.

Tief unten – vom Tagesbewußtsein nicht gewußt –, verschüttet unter anderen negativen Erfahrungen.

Leidenschaft für Gott

Mir geht es gut, ich lege meine Prüfungen ab, die Noten werden zusehends besser, ich habe mich eingefügt. Nur als Frau fühle ich mich noch gelegentlich ausgeschlossen, beginne mich mit dem Thema »Frau in der Kirche« zu beschäftigen. Und da mein Kopf nun klarer wird, bemerke ich Widersprüche in den Lehrinhalten. Unschuldig und naiv, weil ich keinerlei katholische Praxis und Sozialisation habe, stelle ich mich meinen Zweifeln.

In der Sakramentenlehre gab es zum Beispiel für mich einen solchen Widerspruch. Ich habe gelernt: »So sind es zwei Grundgedanken, die in der kirchlichen Lehre von den Sakramenten stets wiederkehren. Der eine betrifft die Wirkungsweise der Sakramente. Weil die Heilszusage Gottes an den Menschen unwiderruflich ist, kann die Wirksamkeit des Sakramentes auch nicht von menschlicher Unzulänglichkeit abhängig sein. Das Sakrament, in der rechten von Christus und der Kirche bestimmten Weise und in der rechten Absicht gespendet, bewirkt die Gnade. Es wirkt nicht aufgrund der fürbittenden Kraft des Spenders oder der Würdigkeit des Empfängers; es wird auch in seiner Gnadenwirkung nicht durch die Sündigkeit oder Unwürdigkeit des Spenders beeinträchtigt, sondern es wirkt aufgrund der Kraft Christi, ›ex opere operato‹. Nie hat die Kirche eine subjektivistische Erweichung dieser objektiven Wirksamkeit der Sakramente erlaubt. Sie würde das menschliche Heil doch wieder als einen Weg des Menschen zu Gott und nicht als Gottes Weg zu den Menschen auffassen...«* Das Sakrament also wirkt unabhängig vom Spender. Er kann zum Beispiel auch betrunken sein. Ich frage Pater Knauer SJ, Dogmatiker: »Wenn ich jetzt intellektuell redlich weiterdenke in diesem Grundgedanken, daß das Sakrament wirksam ist, ›ex opere operato‹, und es wird da dann vom Spender dieses Sakraments als vom Priester gesprochen, warum muß der Priester unbedingt ein Mann sein?«

Antwort: »Wir berufen uns da, wie Sie ja wissen, auf Matthäus 18, 18, wo Jesus zu seinen Jüngern sagt: ›Amen, ich sage Euch: Alles, was ihr auf Erden binden werdet, das wird auch im Himmel gebunden sein, und alles, was ihr auf Erden lösen werdet, das wird auch im Himmel gelöst sein.‹«

»Diese Jünger waren Männer, das stimmt, aber wenn ich den Satz historisch-kritisch untersuche, dann ist er zu verstehen in seinem Kontext, und das heißt aus der damaligen patriarchalischen Gesellschaftsordnung heraus. Das ist doch heute anders, wir haben Anwältinnen, Staatsanwältinnen, Professorinnen, heute wären die Jünger Jesu vielleicht auch Frauen.«

»Ja, an diesem Punkt sind wir traditionell.«

»Aber da wird doch etwas vermischt. Ich kann doch grundsätzliche Aussagen Jesus' an seine Jünger nicht zusammen mit dem gesamten gesellschaftlichen Kontext in eine andere soziale Struktur verpflanzen, sondern muß doch die grundsätzliche Aussage auf die Zeichen der Zeit übertragen. Muß sich sonst die Kirche nicht Matthäus 16,3 vorhalten lassen: ›...Und am Morgen: Heute gibt es

* Aus: Neuner-Roos: »Der Glaube der Kirche in den Urkunden der Lehrverkündigung«, neu bearbeitet von Karl Rahner und K.-H. Weger

Sturm, denn der Himmel ist rot und trüb. Das Aussehen des Himmels könnt ihr beurteilen, die Zeichen der Zeit aber nicht.‹«

»Sie haben recht.«

Es ging mir nicht ums Rechthaben, nur um ein sauberes Verständnis von Gottes Wort. Ich war keine Feministin, noch nicht, weil ich Angst vor der konsequenten Haltung dieser Frauen hatte, ich wunderte mich nur bei soviel Klugheit (und wer wollte den Jesuiten intellektuelle Redlichkeit absprechen, deshalb war ich ja hergekommen!) über eine derart einseitig verstandene Sichtweise vom Menschen. Denn wenn ich ganz und gar traditionell sein wollte, mußte ich wohl noch weiter zurückgehen, bis hin zur Schöpfungsgeschichte, in der beschrieben wird, daß der vollständige Mensch als Abbild Gottes erst aus Mann und Weib erschaffen worden ist. Und es ist auch keinerlei Ungleichwertigkeit aus der berühmten Stelle, daß Eva aus Adams Rippe gemacht sei (wobei das Wort »Rippe« als nicht gesicherte Übersetzung gilt), abzuleiten, sondern sie bezeichnet eher eine Gleichwertigkeit im Sinne der nachfolgenden Verse (Gen 2, 23a): »Und der Mensch sprach: Das endlich ist Gebein von meinem Gebein und Fleisch von meinem Fleisch.« Das zeigt im Gegenteil auf, daß Mann und Frau ein Fleisch und ein Blut sind. Und es bezeichnet die engste Zusammengehörigkeit dieser beiden – etwas anderes daraus ableiten zu wollen bedarf schon einer recht eigenwilligen Gedankenakrobatik. Wo also wird hier »Tradition« angesetzt, fragte ich mich. Ist das in diesem Falle nicht willkürlich? Und hat Willkür hier nicht eindeutig mit Machterhaltung zu tun?

Aber meine kritischen Fragen machten ja nicht alles aus. Unter »Leidenschaft für Gott« verstand ich nicht theologische Haarspalterei, sondern eher das Hingeordnetsein des ganzen Wesens auf Gott, getreu dem Wort: »Du sollst den Herrn, deinen Gott, lieben von ganzem Herzen und ganzer Seele, mit deinem ganzen Denken und all deiner Kraft.« (Mk. 12, 30)

Ich gehe ganz in dieser Leidenschaft auf – verliere

meine Alpträume, meine Schlaflosigkeit, meine Migräneanfälle, werde fröhlicher und klarer im Denken und Empfinden. Ich verstehe die Grundgedanken der Psychosomatik, daß nur in einem gesunden Körper ein gesunder Geist wohnen kann – mens sana in corpore sano –, und die Wechselwirkung. Auch meine Sinne werden beherrscht von diesem großen, alles umfassenden Gefühl, und so erfahre ich das, was der Tantrismus den »kosmischen Orgasmus« nennt, und zwar bei der Heiligen Kommunion.

Ich kenne die Bedeutung jedes einzelnen Wortes in der Präfation (liturgische Einleitung der Eucharistie), erlebe beim Aussprechen der Sätze die geschichtlichen Dimensionen der darin steckenden Glaubenswahrheiten nach. Und bei den Worten »Dies ist mein Leib... dies ist mein Blut« gerate ich – Geheimnis des Glaubens – mit Gefühl und Bewußtsein in eine Weite, in eine Offenheit, in eine Nähe zu Gott, die, jedenfalls für mich, alles Menschliche, alles Begrenzte übersteigt.

Es gibt einen Rausch, der das Bewußtsein erweitert, nicht benebelt, ich nenne ihn den »göttlichen Rausch«. Ähnliche Erfahrung habe ich nur bei Drogeneinnahme und beim Orgasmus während des Geschlechtsverkehrs gemacht.

Natürlich habe ich Angst, das öffentlich zu sagen. Denn heißt es nicht auch, daß Religion das Opium fürs Volk sei, ein Gift, das benebelt und unfrei macht?

Geholfen hat mir in dieser Zeit ein Film über die Tagebuchaufzeichnungen der heiligen Hildegard. Ihr Kampf, »Was soll ich tun, was ist meine Berufung, wie geht es weiter?«, und ihr Tun waren so tief durchdrungen von Gewißheit, von einer rauschartigen Klarheit, daß ich begriff, auch sie hatte ähnliches erlebt wie ich. Ich war sehr überrascht, daß man diesen Film erlaubt, denn ich, die ich schon Erfahrung mit Rauschgift hatte (zur Zeit der 68er war das »in«), spürte genau die Wirkung des Rausches in ihr. Heute hätte man diese Frau sicher als verrückt in die Psychiatrie eingeliefert.

Mein neues Bewußtsein, diese Klarheit des Geistes, die immer wieder durch den »kosmischen Orgasmus« zustande kommt, das nenne ich »Leidenschaft für Gott«.

Das Praktikum oder: Zölibat contra Sex

Ich sollte nun, meine Ausbildung neigt sich dem Ende zu, lernen, ohne den Schutz des Priesterseminars zu leben, das, was ich gelernt hatte, weiterzugeben. Zwei Praktika sind vorgesehen: Gemeindepraktikum und Schulpraktikum. Vorher wurde sorgsam alles beraten. Aus den Videoaufzeichnungen, die während des Unterrichts in praktischer Homiletik (Predigtlehre) in der hauseigenen Kirche gemacht wurden, geht hervor, daß ich eine akademische Sprache habe mit lebendiger Gestik. Zuerst werde ich auf den Zürich-Berg geschickt, dem Vorort der Reichen, um zu testen, ob ich dort ankomme, ob ich deren Sprache spreche.

Mit den Leuten dort komme ich nicht zurecht. Sie sind mir zu verkorkst, zu zugeknöpft. Da kommt nichts mehr von Kirche als Gemeinde herüber. So werde ich also in einen anderen Vorort geschickt, in eine ziemlich junge Gemeinde, mit relativ neuer Kirche. Das Team gilt als aufgeschlossen, sie werden mich nehmen. Es ist das erste Mal, daß eine Frau, die nicht Ordensschwester ist – meist haben die eine geringere Ausbildung und arbeiten als Katechetinnen –, also eine Frau, die sozusagen von der ganzen Ausbildung her dem Priester gleichgestellt ist, in der Schweiz predigen wird. Sechs Wochen lang.

Es gibt einen kleinen Artikel in der »Neuen Zürcher Zeitung«. Auf dem Foto bin ich im T-Shirt abgebildet und halte eine Zigarette in der Hand. Wie gut, daß die Leserbriefe mich erst nach der Predigt erreichen, denn ich werde regelrecht beschimpft wegen meines »freizügigen Aussehens«.

Zum Team gehören: der Pfarrer, Mitte Fünfzig, »Chef«.

Toni, Mitte Dreißig, der noch Priester ist, aber momentan nicht amtiert, sondern lediglich eine sehr erfolgreiche

Jugendarbeit macht – er geht gerade durch eine harte Zeit, denn er hat eine feste Freundin.

Ein »Laientheologe«, der sich seinerzeit nicht ordinieren ließ, weil er eine Freundin hatte, die ihn jetzt aber verlassen hat, und ein weiterer Laientheologe, der nachts im Traum schreit. Mein Zimmer ist dem seinen gegenüber, und als ich es nicht aushalten kann und zu ihm gehe, vertraut er mir an, daß er homosexuell sei und mit diesem Doppelleben nicht zurechtkäme, sich mit dem Gedanken trage, freiwillig aus dem Leben zu scheiden.

Die Haushälterin, eine gute, opferwillige Seele, die uns mit Hingabe beputzt und bekocht, ansonsten die Augen vor dem, was vor sich geht, schließt.

Die Sekretärin, eine attraktive Endvierzigerin, ihr Gesicht voll Leid. Eines Nachts ruft sie mich verzweifelt an, sie stünde vor dem Tablettenschrank, und sie habe das Gefühl, sich mir anvertrauen zu können, da ich die Interna der Pfarrei kenne, aber eben dennoch eine Außenstehende sei. Ihr Mann habe sich aufgehängt, und der Pfarrer habe ihr viel Trost gespendet und die Stelle in der Pfarrei verschafft. Sie sei aber auch seine Geliebte. Das ginge immer so lange gut, bis wieder – wie gerade im Moment – eine neue, andere Frau aufträte. Dann würde er regelmäßig eine donnernde Exorzismuspredigt halten – sie kenne das schon –, und dann sei die andere dran. Da er sich aber mit keiner sehen lassen kann in der Öffentlichkeit, gehen die Frauen irgendwann wieder weg – wieder Exorzismuspredigt, und er käme zu ihr zurück. Sie könne das nun nicht mehr aushalten.

Ich kenne die andere, jüngere, sehr attraktive Frau. Ganze Nachmittage verbringt sie beim Chef auf dem Zimmer zwecks »Beichtgesprächen« – die Sekretärin muß die Termine dafür machen. Was für ein schmutziges Konkubinat – unter dem Deckmantel des Zölibats!

Ich spreche das Thema behutsam und neutral an. Der Pfarrer grinsend: »Heißt es nicht irgendwo: ›Wer keine hat, hat alle?‹« Mir bleibt die Luft weg, ich kenne es andersherum: »Wer alle hat, hat keine.« Ich sage nur:

»Unserer Sekretärin geht es sehr schlecht.« Seine Antwort in zynischem Tonfall: »Ja, ja, sie hat wieder ihre paranoiden Schübe.« Ich darf nichts sagen, sie hat mich zum Schweigen verpflichtet!

Die Frau in der Kirche, noch immer Opfer? Wann ist die Zeit des Schweigens endlich vorbei?

Am Tag meiner ersten Predigt, kurz vor der Vorabendmesse, warten wir gespannt auf das Wahlergebnis aus dem Vatikan. Es wird viel von der Regentschaft des neuen Papstes abhängen – vor allem geht es um Laisierungsgesetze für Priester, Priesterschaft für die Frau und verwandte Themen. Die Sekunden ziehen sich in die Länge. Aber gleich geht die Messe los. Wir müssen in die Sakristei, uns vorbereiten, was machen wir, wenn die Durchsage während der Messe kommt?

Doppelte Anspannung: eine Premiere, welcher Papst? Ich ziehe mich um, bekomme ein weißes Habit über – das tut gut, dahinter verschwindet meine Person –, jetzt bin ich Werkzeug Gottes.

Gerade wollen wir hinausgehen, die Orgel spielt schon zum Einzug, da kommt der Anruf: neuer Papst, Johannes Paul I., ein bisher Unbekannter.

Später wird er unter der Bezeichnung »der Dreiunddreißig-Tage-Papst« in die Geschichte eingehen. Und man wird ziemlich genau wissen, daß er vergiftet wurde. Er hatte ja auch Großartiges gesagt, zum Beispiel: »Gott ist Vater und Mutter zugleich.« In Anlehnung an einen Jesaja-Text, also ganz biblisch.

Alle Glocken läuten in der Stadt.

»Herrgott, laß mich Dein Werkzeug sein, auch wenn mir die Knie wackeln!«

Die Kirche ist gestopft voll – es hat sich herumgesprochen, daß heute die Praktikantin predigt. In den hinteren Reihen und an der Tür noch stehen die, die keinen Platz bekommen haben. Ich nehme nichts wahr, alles verschwimmt vor meinen Augen.

Die einführenden Worte des Pfarrers, die Grußworte für den neuen Papst, alles ist wie im Nebel. Nun an die

Kanzel. Wie bringe ich mich und die Leute von meiner Person weg, hin auf Gottes Wort? Mir fällt etwas ein: »Ich bitte die Gemeinde, sich zu erheben und eine Minute in Stille zu verharren im Gedenken an die, die vor uns im Herrn entschlafen sind, und im Gebet für sie, das wir mit Dankbarkeit und Liebe füllen.«

Die Spannung weicht – Andachtsatmosphäre. Ich spreche über das Thema Macht – der Tagestext – und daß Macht nur dann wahre Macht ist, wenn sie uns zum Diener macht. Ich mache Wortspiele, gebrauche Beispiele. Möglichst nicht akademisch bleiben, Bilder benutzen! Aber ich habe oft genug erfahren, daß ich, eine Frau, erst dann anerkannt werde und sagen kann, was ich will, wenn ich meine akademische Bildung unter Beweis gestellt habe.

Die Gesichter werden offener, ich lese nicht mehr ab. Nun ist es wichtig, die Balance zu halten zwischen Engagement und sauberer Exegese. Auf meinen Wink hin setzt sich die Gemeinde, mir wird schwindelig, was für eine Macht hab ich hier, und was für eine Versuchung ist das, sich selbst darzustellen, nicht mehr zu dienen!

Am nächsten Tag muß ich noch dreimal predigen: zweimal am Vormittag, einmal abends. Die Kirche ist jedesmal brechend voll – jedesmal die gleiche Erfahrung.

Bei der Kommunionsausteilung – auf der einen Seite der Pfarrer, auf der anderen Seite ich – steht die lange Schlange bei mir. Hinterher immer das gleiche: Blumen, Blumen und Geld – eine Praktikantin kann das doch brauchen?

Herrgott, laß mich demütig bleiben!

Am Abend dieses Sonntags bin ich völlig erschöpft, seltsamerweise körperlich, als hätte ich zwei Wochen lang ohne Unterbrechung im Garten gearbeitet.

Eine Woche darauf kommen die Leserbriefe – ich fürchte, das alles nicht auszuhalten. Ich möchte meine Ruhe, bekomme immer mehr Sehnsucht nach dem Leben im Priesterseminar – möchte ins Kloster.

Ich fahre zum Kloster Fahr – Benediktinerinnen, habe ein langes Gespräch mit der Novizenmeisterin.

Sehnsucht nach dem Kloster

Das Gespräch mit der Novizenmeisterin dauert vier Stunden. Es ist dies mein dritter Anlauf, ins Kloster zu gehen.

Der erste war während meiner Hamburger Zeit: Da bin ich des öfteren bei den Benediktinerinnen in Herstelle gewesen. Schwester Kyrilla und Schwester Hagia beeindruckten mich sehr, die eine war früher Lehrerin, die andere Ärztin.

Sie waren so klug, so aufgeschlossen, so lebenserfahren und dennoch weich und weiblich. Wie kann man sich so etwas erhalten – ich bewunderte sie. Und erkannte, daß Klosterleben keine Flucht vor der Gesellschaft ist.

Zögernd begann ich mit Schwester Hagia die ersten Gespräche über eine Klosteraufnahme. Sie sagte mir, daß niemand genommen wird, der nicht eine abgeschlossene Berufsausbildung hat, damit ganz klar ist, daß es sich beim Klostereintritt nicht um eine Weltflucht handelt, und für den Fall, daß man später wieder zurückwill.

»Wir haben Zeit, Frau Emmermann«, sagte sie. »Wenn Sie nach dem Abitur und nach dem Studium, was immer Sie studieren wollen, immer noch kommen wollen, kommen Sie wieder. Wir sind hier.«

Das ist tröstlich und strahlt Souveränität aus. Sie haben es nicht nötig, jeden und um jeden Preis aufzunehmen. Der Orden floriert, wird mit jeder Generation größer.

Der zweite Anlauf fand hoch über dem Rhein statt. Ich studierte bereits Theologie, hatte mich gerade gründlich mit Hildegard von Bingen beschäftigt. Es waren auch Benediktinerinnen. Aber hier in diesem alten Klostergemäuer ist es mir etwas unheimlich zumute, sosehr ich alte Klöster und Schlösser liebe.

In der Nacht habe ich einen Traum und erzähle den auch noch ganz naiv beim Frühstück. Zehn Minuten später läßt mich die Novizenmeisterin rufen und teilt mir mit, daß ich zumindest für ihr Kloster wohl nicht geeignet sei. Jemand muß ihr meinen Traum erzählt haben.

Der Traum, er ist noch präsent, als sei er gestern geträumt: Ich stehe mit einer Gruppe von Leuten in einem Vorraum, wir warten alle auf den Lift. Der Raum ist mit grellen Farben vollbemalt. Der Fahrstuhl hält, die Leute gehen hinein, der Fahrstuhl geht zu, ich passe nicht mehr hinein. Typisch, denke ich, du verpaßt mal wieder alles. Aber ich werde euch überholen, ich springe die Treppe hinauf. Mal sehen, wer zuerst da ist. Nach zwei Etagen komme ich in einen Raum, in dem alles weiß ist, die Wände, der Fußboden, es stehen eine Menge weißbezogene Betten darin. In den Betten liegen Menschen, weiße Bandagen auf den Gesichtern, die Gesichter darunter sind weggeschnitten. Es kommen einige in Weiß gekleidete Figuren auf mich zu – mit weißen Handschuhen an den Händen, weißen Masken vor den Gesichtern: »Ein neuer Patient.« Sie kreisen mich ein. Ich rede, rede, rede. Dann: »Gut, du brauchst nicht operiert zu werden, du kannst zum Team gehören und mit uns zusammen die anderen Gesichter wegoperieren.« Hinter mir spüre ich ein Fenster, ich drehe mich schnell um, öffne es, springe hinaus – ich habe Flügel, lande sicher außerhalb des Gebäudes.

Ja, die Novizenmeisterin hat den Traum wohl schneller begriffen und verstanden als ich.

Ich gehe.

Und jetzt der dritte Anlauf: Kloster Fahr, außerhalb von Zürich.

Nach langem Gespräch zieht die Novizenmeisterin das Fazit: »Frau Emmermann, ich glaube nicht, daß Sie für das Kloster geeignet sind. Sie müssen an die Front. Sie würden, wären Sie hier, über kurz oder lang alles in Frage stellen, rebellieren und ausbrechen. Sie können sich und uns diese Erfahrung ersparen. Sie gehören nicht nur an die Front, Sie gehören auch in den Kampf zwischen Mann und Frau.«

Wie recht sie hatte! Aber ich habe drei Tage lang geweint.

3

Als Theologin in der Erzdiözese München und Freising

In der Höhle des Löwen

Im Kloster also will man mich nicht. Und in die Gemeinde als Pastoralreferentin gehen, das will ich auf keinen Fall. In diesem relativ jungen Beruf sind die Erfahrungen der Frauen bisher nämlich überwiegend negativ. Nach dem Aufbruch der katholischen Kirche durch das Zweite Vatikanum hat sich zwar vieles geändert, dennoch würde ich immer einen Priester als Vorgesetzten haben, und es würde ganz darauf ankommen, ob und wie ich mich dem anpassen kann. Wenn ich mir meine männlichen Kommilitonen so ansehe, so werden überwiegend diejenigen zum Priester, die Schwierigkeiten mit Frauen haben. Keine guten Voraussetzungen für eine gedeihliche Zusammenarbeit. Noch dazu wählen nicht gerade die klügsten den Priesterberuf, oft ist es eine letzte Möglichkeit, überhaupt noch irgendeine Arbeit zu bekommen. Und da der Mangel an Priestern groß ist, werden die Kandidaten sogar noch hofiert, damit sie sich wirklich weihen lassen. Das hat nichts mehr mit Bestimmung oder gar Berufung zu tun. Wenn solche Menschen Macht bekommen, dann ist Mißbrauch meistens eingeplant. Und so jemand soll mein Vorgesetzter werden? Nein, danke.

Bei den Jesuiten ist das anders, aber die kommen ja nicht als Pfarrer in die Gemeinde, sondern werden zu Sonderaufgaben, vor allem in den Bereichen Schule und Universität, herangezogen.

Was also tun?

Eines ist mir klar: Nach der Erfahrung im Priesterseminar möchte ich in einer religiösen Gemeinschaft leben. Da

mich offenbar kein Kloster will, versuche ich es bei sogenannten »Drittorden«; Ordensgemeinschaften, bei denen
der »innere Kern« in einer engen religiösen Gemeinschaft
lebt, die aber auch Zugehörige haben, die »draußen«
wohnen. Ich fahre zu mehreren dieser Orden, finde aber
nichts, wo ich mich aufgehoben und dennoch frei fühlen
könnte.

Damals in Frankfurt hatte ich einer »Personalgemeinde« angehört, mit etwa vierzig Mitgliedern, fast alles
Akademiker und Norbert Lohfink als Kopf des Ganzen.
Ich war also entsprechend verwöhnt. Als Lohfink dann
nach München ging, brach diese Gemeinschaft auseinander. Er ging nach München in die Integrierte Gemeinde,
ein Gemeindemodell, das sich am Leben der »Urgemein-
de« orientiert. Sie hat eine eigene, funktionierende Infra-
struktur, sozusagen einen Staat im Staate, mit eigener
Gemeinschaftspraxis, eigener Schule, eigener Bank, Apo-
theke, Ingenieurbüro und so weiter.

Jetzt, da ich nicht wußte, wohin, folgte ich meinem
ehemaligen Lehrer. In der Integrierten Gemeinde wohnte
ich in einem sogenannten »Integrationshaus«, putzte in
der gemeindeeigenen Druckerei, arbeitete als Sekretärin
in der gemeindeeigenen Schule in Solln, pflückte Erdbee-
ren auf den Erdbeerfeldern der Gemeinde in Zorneding,
legte Teppichböden aus im neuen Tagungshaus und Hotel am Walchensee, machte Buchhaltungsarbeiten in der
Zentrale. Dafür bekam ich Essen und Unterkunft. Fast wie
in einem Kibbuz.

Doch ich fühlte mich zunehmend unwohler: Hatte ich
dafür ein so hartes und langes Studium auf mich genommen? Immer wurde im »Rat« – er bestand aus Männern
des »innersten Kreises«, obwohl die Gesamtleiterin eine
Frau war – darüber gesprochen, welche Aufgabe man mir
innerhalb der Gemeinde wohl geben könnte. Nie war ich
dabei. Ich sollte erst mal »praktisch« arbeiten, sagten sie –
als ob ich das nicht schon dreißig Jahre getan hätte! Sechs
Monate zog sich das hin, und mir ging es immer schlechter.

Zufällig erfuhr ich dann, daß die Studentengemeinde in München eine neue Mentorin für Laientheologen suchte. Ich hatte zwar keine Ahnung, was das für eine Stelle sein mochte, bewarb mich aber. Ich bekam den Job, nicht nur, weil ich gute Referenzen hatte, sondern auch, weil ich eine Frau war. In der Begründung, die an den Domkapitular ging, hieß es: »... Auch scheint es uns ein beachtenswertes Zeichen für Theologiestudenten zu sein, daß die Arbeit einer Frau in der Kirche nicht als zweitrangig gewertet wird...«

Das war 1980, nach dem Aufbruch der Kirche durch das Zweite Vaticanum. Inzwischen ist vieles davon wieder vergessen worden.

Die Integrierte Gemeinde legte mir nahe, das Modell zu verlassen, da ich mich ja nun entschieden hätte, amtskirchliche Strukturen zu unterstützen. Das war nicht so schlimm für mich, denn mein Lehrer Norbert Lohfink ging sowieso zurück in den Orden. »Einmal muß man sich entscheiden«, sagte er, »entweder Gemeindetheologie oder Ordenstheologie. Und nirgends ist alles in Ordnung. Dann kann ich auch den Jesuitenorden reformieren helfen.«

In München-West fand ich ein kleines Appartement. Als ich auszog aus dem Integrationshaus, sagte einer der Mitbewohner zu mir: »Du wirst zurückkommen, denn du wirst es nie alleine schaffen als Frau und kritische Theologin in dieser Gesellschaft.« Ich hielt ihn für zu pessimistisch.

Erzdiözese München und Freising! Stockkonservativ! Eigentlich passe ich hier gar nicht her. Wahrscheinlich hatten die Herren mein Soziologiestudium und die Adorno-Schule übersehen. Leute wie ich kommen doch sonst nur im freien Limburger Bistum in ein Amt!

Ich bin verblüfft und froh. Meine Freunde aus Frankfurt nicht minder. »Jetzt bist du in der Höhle des Löwen.«

»Die Frage ist, ob es da nicht am sichersten ist, für ein paar Jahre?«

Meine Freunde geben mir fünf Jahre. Höchstens.

Mentorin für Laientheologen

Verantwortung hab ich nun, mehr als genug.

Es gibt zwei Arbeitsplatzbeschreibungen, insgesamt fast fünf Seiten, eng beschrieben, die ich beide gleich zu Beginn in die Hand gedrückt bekomme. Die Vorgängerin ist schon weg, eine Einarbeitungszeit gibt es also nicht.

Auch die Zielgruppe, für die ich arbeiten soll, ändert sich gerade. Früher kamen in den Theologenkreis, für den ich nun verantwortlich bin, alle diejenigen Theologiestudenten, die nicht die Priesterweihe anstrebten, sogenannte Laientheologen. Sie hatten sich selber innerhalb der Katholischen Hochschulgemeinde einen Kreis gegründet, den Theologenkreis, bei dem sie, studienbegleitend, geistige und spirituelle Nahrung zu bekommen hofften. Bald war dieser Kreis so fest etabliert, daß die Diözese eine Planstelle für einen Begleiter, einen Mentor, schaffte. Dann aber wurden für die zukünftigen Pastoralreferenten unter ihnen eigene studienbegleitende Maßnahmen getroffen, und hier blieben nur noch diejenigen, die nicht genau wußten, was sie einmal mit ihrem Vollstudium anfangen sollten. Hinzu kamen die Lehramtskandidaten, die, infolge des sich ausbreitenden Priestermangels, immer häufiger den Religionsunterricht übernehmen müssen.

Aus der von Studenten initiierten Selbsthilfegruppe war nach und nach eine Institution geworden, die die Teilnahme an gewissen Veranstaltungen (Ferienseminare, Wochenenden, Orientierungsgespräche) zur Pflicht machte, wenn die Missio Canonica, die kirchliche Lehrerlaubnis, erteilt werden sollte.

Meine Aufgabe war es, das alles zu organisieren und auch selber Kurse durchzuführen. Schon nach zwei, drei Jahren hatten wir fast tausend Studenten pro Studiengeneration, viel zu viele für eine gründliche Betreuung. Und ich weiß doch genau, wie wichtig so eine Betreuung ist. Ich weiß genau, was es heißt, ein theologisches Studium zu absolvieren, ohne gleichzeitig eine spirituelle und geistige Heimat zu haben: Zuerst geht der Glaube kaputt, denn der Lehrstoff, das, was man mit dem Kopf begreifen muß, hat zunächst nicht das geringste mit dem zu tun, was jeder einzelne aus seiner eigenen Sozialisation und seinem persönlichen Glauben mitbringt. Theologie und Glauben scheinen nichts miteinander zu tun zu haben, das eine betrifft die aktive Intelligenz, das andere das Herz. Und wenn diese Kluft im Lauf der Zeit nicht überwunden werden kann, hat das fatale Folgen. Die Studienabbruchrate der Theologiestudenten in den oberen Semestern ist überdurchschnittlich hoch, die Suizidrate erschreckend.

Hatte ich nicht für die Einübung meiner Spiritualität das Jahr im Priesterseminar dringend benötigt?

Und war ich nicht vorher und anschließend in der Personalgemeinde um Norbert Lohfink herum gut aufgehoben gewesen? Ich weiß genau, worum es geht, und mache mich mit Feuereifer an die Arbeit.

Inhaltlich habe ich völlig freie Hand.

Ganzheitliche Theologie

Die Studenten kamen mit den unterschiedlichsten Vorstellungen von Theologie ins Studium. So machte ich es mir zur Gewohnheit, am Einführungstag folgende Parabel zu erzählen:

»Die Schriftgelehrten saßen im Tempel und stritten sich über die Wahrheit. Jeder wollte besser wissen, was die Wahrheit sei, und der Streit wurde immer heftiger.

Ein alter, weiser Rabbi kam hinzu. Er ließ den Männern die Augen verbinden, führte einen Elefanten in ihre Mitte und hieß sie, dort, wo sie standen, stehenzubleiben, die Hand auszustrecken, genau zu tasten und zu fühlen und das so Erkannte im Sinn zu behalten.

Nachdem er den Elefanten fortgeführt hatte, wurde

den Männern die Augenbinden abgenommen. Was hatten sie gefühlt?

›Ich hab was Rauhes gefühlt, wie ein ausgetrockneter Lehmboden.‹ – ›Was ich angefaßt habe, war glatt und kalt.‹ – ›Nein, stachelig.‹ – ›Ich hab in ein Loch gefaßt‹ und so fort.

›Ihr habt alle das gleiche angefaßt‹, sagte lächelnd der Weise.

›Das kann nicht sein‹, riefen sie, und der Streit entbrannte heftig.

Da ließ der alte Weise den Elefanten hereinführen. Nie zuvor hatten sie einen Elefanten gesehen!

›So ist es auch mit der Wahrheit. Ein jeder von euch hat einen ganz bestimmten Teil erkannt, von seinem Standpunkt aus. So hat ein jeder von euch recht, aber er hat nur einen Teil erkannt. Und für den Teil hat er recht. Das Ganze aber ist dieser Elefant, und den habt ihr bisher nie gesehen. Und so ist es auch mit der Wahrheit.‹

Daraufhin wurden sie still, bemühten sich um weitere Erkenntnis und stritten fortan nicht mehr.

So, meine lieben Zuhörer, ist es eben auch mit Gott und der Theologie.« Contradictio oppositorum.

Ganzheitliche Theologie, so nannte ich das, was ich tat, lange bevor dieser Begriff allgemein üblich war. Herz und Kopf sollen zusammenwachsen, die Kluft zwischen gelebtem Glauben und gelernter Theologie soll überwunden werden.

Contradictio oppositorum.

Zu den Wochenendseminaren lade ich jeweils Referenten zu einem bestimmten Thema ein, die Erarbeitung dieses Themas erfolgt, soweit es geht, auf der Erfahrungsebene. Ich wähle nur Referenten mit Gruppenerfahrung aus, es soll hier schließlich keine zweite Uni entstehen.

Anfangs habe ich große Angst, etwas falsch zu machen, aber ich bin in dieses kalte Wasser geworfen worden, also werde ich schon die richtige Hilfe bekommen.

Das erste Seminar empfinde ich als ein Fiasko, ich fürchte, die Probezeit nicht zu bestehen, falls das bekannt wird.

Das Thema war: »Gottesliebe – Menschenliebe«. Als Ergebnis sind fast nur Aggressionen und viele Tränen herausgekommen. Der Ausbruch soviel geballter Emotionen macht mir angst. Der Referent, ein erfahrener Supervisor, er ist Priester und vom Denken her Junghegelianer und alter 68er, tröstet mich: »Was hast du denn erwartet? Wenn es um Liebe geht, kommen doch zuerst einmal die Angst, die Enttäuschungen, die Wut, die Sehnsucht heraus. Sei froh, daß es herausgekommen ist. Ich meine, das ist ein guter Start für dich.«

Ich begreife; Multiplikatoren des Wortes Gottes können später nicht von Gottes Liebe künden, wenn sie die Liebe nur in Form von Sehnsucht und Enttäuschung kennengelernt haben, nie angekommen sind, nie Erfüllung erlebt haben! Wir müssen uns also damit auseinandersetzen.

Ich mache weiter, Thema für Thema, Seminar für Seminar. Ich leiste mir in meinen Seminaren so ziemlich alle Themen, die damals »dran« sind, zum Beispiel:

»Religion, Kult und Ritus.«
»Braucht die Theologie einen strafenden Gott?«
»Gottesliebe – Menschenliebe.«
»Kunde vom Ewigen in Wort und Symbol.«
»Erzählen und Bezeugen – was will die sogenannte Narrative Theologie?«
»Partnerschaft. Was meint die Bibel, wenn sie von Mann und Frau spricht?«
»Sextourismus auf den Philippinen und die Würde der Frau.«
»Liturgie als Symbolsystem des Glaubens.«
»Glaube und Lebenspraxis.«
»Vom Umgang mit Symbolen in der Familientherapie.«

Wir arbeiten mit Elementen des TZI (Themenzentrierte Interaktion), des Rollenspiels, der Gestalttherapie und des Bibliodramas, der Meditation, des autogenen Trainings.

Aber wir meditieren und erfahren auch die Gleichnisse der Bibel, vergleichen Träume und Prophezeiungen des Alten Testamentes mit eigenen Traumerfahrungen.

Und immer und immer wieder muß das Thema Autorität, Schuld, Strafe bearbeitet werden. Seminare wie »Braucht die Theologie einen strafenden Gott?« sind überlaufen.

Ich sehe mich als Mentorin genau in die Lücke gestellt, die jeder Theologiestudent erlebt, in die Lücke zwischen gelerntem, gedachtem theologischem Wissen und der eigenen Existenz im Hier und Jetzt, der eigenen, unverwechselbaren Geschichte, mitgebrachter Sozialisation, vom Mädchen aus dem Bayerischen Wald bis hin zum großstädtischen Therapeutensohn. Hier sollen ja Prozesse in Gang kommen, die das Loch zwischen gelernter Theologie und persönlicher Erfahrung stopfen, von allen möglichen Seiten her.

In der Ständigen Mentorenkonferenz – Zusammenschluß aller Mentoren der deutschsprachigen Länder – wird zum großen Teil ähnlich gearbeitet: Wenn es in der Gesamtkonferenz hakt, erarbeiten wir die Probleme in kleinen Gruppen, sei es mittels Supervision oder mittels Bibliodrama, um die Hintergründe für unseren Standpunkt zu erfassen. Es stellt sich dann meist heraus, daß die Konservativen diejenigen sind, die am wenigsten Bezug zu sich selbst haben, sich selbst also hinter Axiomen und Dogmen verstecken. Je mehr Frauen in die Konferenz kommen, desto deutlicher wird das starre Denken aufgebrochen.

Ganzheitliche Theologie bezieht sich also bei meiner Arbeit auf das Zusammenwachsen von gelernter Theologie und persönlicher Erfahrung beim Studenten, was – langfristig – auch wieder Rückwirkung auf die Theologie hat. Das Ziel bleibt stets:

Gotteserkenntnis und damit Gottesliebe.

So also verstand ich meine Arbeit. Und sie war gut. Das hörte ich immer wieder von höchster Stelle.

Aber ich wurde auch gewarnt, ebenfalls von höchster Stelle: »Sie können sehr viel machen, und Ihre Ansätze sind sehr gut. Aber passen Sie auf mit allem, was Sie schreiben. Die Bischöfe machen so ihre Kreuzchen: Bei der gesamten Studentenseelsorge grüne Kreuze. Aber dort, wo Theologen ausgebildet und betreut werden, da ist ein rotes Kreuz. Sie müssen absolut sauber arbeiten. Das beste ist, wenn Sie nicht schreiben.«

Daran habe ich mich gehalten, bis zum Schluß.

Das letzte Seminarthema – mir war bereits gekündigt worden – hieß bezeichnenderweise:

»Flüchten und Standhalten – zur Aktualität christlicher Mystik am Beispiel von Johannes Tauler.«

Ich hielt stand, bis vor Gericht.

Denn mein Gott, das ist ein Gott, der mich schützt. Ich habe einfach vertraut, bis zuletzt. Aber die Dunkelheiten, sie sind deshalb nicht weniger dunkel.

In den Strukturen verfangen: Das Arsen

Zunächst aber hatte ich mich auseinanderzusetzen mit amtskirchlicher Struktur, mit einer Struktur, die, wie jeder weiß, nicht aus reiner Liebe, sondern zu einem wesentlichen Teil aus Machtstreben gespeist wird. In allem, was ich in der Theologie bisher erfahren und gelernt hatte, bestand die Nachfolge Christi aber gerade nicht in verfestigten, machtstabilisierenden Strukturen.

Ich befand mich also in einem Dilemma. Als Mentorin hatte ich zwar das, was die Kollegen eine »Nische« nannten, aber ganz unangefochten blieb auch die nicht. Ich hatte gelernt, daß Jesus zu den Menschen ging, ehe die Menschen zu Jesus kamen. Also besuchte ich meine Studenten in den Vorlesungen, sprach mit ihnen im Englischen Garten, im Café, schlicht überall, wo ich sie traf, nur nicht im »Büro«. Schon das wurde nicht gern gesehen. Wir wurden angehalten, »Sprechstunden« einzurichten. Alle wirklichen Theologen wehrten sich dagegen mit dem Einwand, daß man Seelsorge nicht auf »Sprechstunden« reduzieren kann. Doch die Daumenschraube wurde immer enger, bald wurde regelrecht kontrolliert, wie oft wir in den Büros saßen. So riß ich meine Stunden ab und machte die eigentliche Seelsorgearbeit danach, besuchte die Studenten zu Hause oder holte sie in kritischen Phasen zu mir, damit sie nachts nicht allein in ihre Ängste gehen mußten.

Das Dilemma wurde eklatant, als ich gefragt wurde, auf welcher Seite ich denn stünde.

Zur Verfestigung der Strukturen und somit zur Vertiefung meines Dilemmas kam hinzu, daß wir in unserem Selbstverständnis dem »öffentlichen Dienst«, also dem Staatsapparat, angegliedert waren. Hat sich das Christentum nicht immer als »Gegengesellschaft« zu Machtstrukturen verstanden? fragte ich mich. Wodurch unterscheidet sich Kirche denn heute überhaupt noch von einem Sozialstaat?

Hat sich nicht alles umgedreht? Hat die soziale Funktion nicht zum großen Teil der Staat übernommen, und predigt nicht die Kirche das Gesetz? Predigt sie ein Gesetz der Liebe, der Freiheit, des Trostes, der Gnade, predigt sie von der Erkenntnis und Erfahrung Gottes als dem, der uns zuerst geliebt hat und in dessen Liebe wir uns unbedenklich hineinfallen lassen können?

Ich wage das inzwischen zu bezweifeln. Denn wenn die Strukturen, in denen ich lebe, anders sind als das, was ich zu verkünden habe, dann beginnt eine schleichende Krankheit, eine Neurose. Arsen.

Vater Staat und Mutter Kirche sind eine dubiose Ehe eingegangen.

Ich empfand mein Dilemma körperlich.

Es zeigte sich durch Lähmungserscheinungen der linken Seite. Zuerst dachte ich, ich sei nicht richtig im Kopf. Heimlich fragte ich bei Kollegen herum und hörte ähnliches. Viele hatten diese Krisen erlebt. Damit war ich nicht allein. Es tröstete mich, daß gerade die besten dieses Arsen, dieses langsam tötende Gift, sehr gut kannten. Manche retteten sich in den Alkohol, manche standen es mit guten Freunden durch, ich begab mich in die Psychoanalyse. Natürlich mußte ich das heimlich tun.

4

Die Krise naht

Reifungsprozesse zur Frau

Gott sei Dank – wenigstens die Sache mit den Männern hatte ich abgehakt.

Gott sei Dank – die Triebhaftigkeit, die oft quälende Sehnsucht war aufgelöst. Ich war erlöst. Befreit. Ich brauchte keine Sexualität mehr. Ich fühlte mich in dieser Beziehung sicher.

Und dann kommt *er*. Alles wirft er um, mit einem Wort, einem Blick, einer Handbewegung.

Ich bin rettungslos verliebt – wie eine Vierzehnjährige. Ich sehe ihn selten, er arbeitet viel. Es macht mir nichts aus. So kann ich in Ruhe meinen Helden aus ihm machen.

Ich sehe ihn während eines Seminars, wie er ernsthaft und behutsam mit alten Damen spricht. Ich sehe einen glücklichen kleinen Jungen, der strahlend aus dem Sprechzimmer herauskommt und stolz sein Röntgenbild vor sich herträgt. So einen Jungen möchte ich gern von ihm haben! Ich erschrecke bei diesem Gedanken, denn das hab ich mir noch von und bei keinem Mann gewünscht.

Für mich ist er Robin Hood, Schützer und Pfleger der Schwachen und Gebrechlichen.

Ich sehe ihn auf den Stufen vor seiner Arbeitsstätte stehen, mit Jeans und schwarzer Lederjacke, ganz lässig. Ich sehe die für ihn typische Bewegung, mit der er sich seine Zigarette anzündet – ohne Filter, versteht sich –, die Schritte die Stufen hinunter (er weiß nicht, daß ich auf der anderen Straßenseite im Auto sitze und auf ihn warte), sehe seinen katzenartig-verhaltenen Gang. Sofort rieche ich den einzigartigen Geruch seiner Haut, spüre ihre Zartheit und Elastizität unter meinen Fingern. Er hat wenig Zeit. Wenn er Zeit habe, brauche er viel davon für sich, um zu sich zu kommen, sagt er. Er sei ein Einzelgänger. Für mich ist er der moralische Abenteurer und Einzelgänger, der für Recht und Ordnung sorgt und dabei noch diese kaum zu ertragende Erotik mit sich herumträgt. So wie Yul Brynner. Ich sehe mir viele Yul-Brynner-Filme an in dieser Zeit. Er lacht mich ein wenig aus, nennt mich kindlich.

Jahre später erst begreife ich, was hier stattgefunden hat: die Neubesetzung des während meiner frühesten Kindheit und Jugend so grausam zerstörten Männerbildes durch positive Symbole.

Eigene Symbolbildung findet im allgemeinen während der Pubertät statt. Ich hatte das nie erlebt. Als Kind ging es ums reine Überleben. Dabei hatte Gottvater geholfen. Kein Mann aus Fleisch und Blut. Als auch Gottvater nach dem Tod meines Vaters und nach der Vergewaltigung tot war, dienten mir meine vielen Liebschaften dazu, mich selber zu bestätigen. Ich war eine gefragte und begehrte, gern eingeladene junge Frau, eine beliebte Gesprächspartnerin, vor allem damals in Südafrika. Hilfreich war natürlich das dortige englischgeprägte soziale und kulturelle Leben, in dem die Männer sich als ganze Gentlemen erweisen in unüberbietbaren Höflichkeitsformen den Damen gegenüber. Aber ich hatte keine wirklichen Beziehungen. Aus der Retrospektive betrachtet, hatte ich selbst mit meinem Ehemann keine wirkliche Beziehung. Wie denn auch, ich war ja noch nicht zur Frau gereift.

Nun habe ich doppeltes Glück: Meine Symbolfigur ist ein leibhaftiger Mensch, ein Mann. Einer, den ich anfassen, einer, den ich umarmen, den ich lieben kann. Nicht nur ein Idol.

Wie viele Frauen kenne ich, die trotz Ehe, trotz ausgeprägten Sexuallebens nie zur Frau geworden sind, nie erblüht, nie gereift sind. Mit ein bißchen Übung sieht man es den Gesichtern an. Die Falten im Gesicht kommen nicht vom Leben, sondern eher vom Nicht-Leben, sie sind eher welk und grau statt ausgelebt. Lebensfalten sehen anders aus.

Und was ist mit der Symbolik? Die etwas einfacheren Frauen behalten nach wie vor ihre Kinohelden, die intellektuellen Frauen lehnen sie eher heftig ab. Aber das sind nur zwei verschiedene Seiten derselben Medaille.

Ein verständnisvolles Lächeln für all das werde ich erst haben, wenn ich selber den Prozeß des Reifens durchlaufen habe.

Ich habe meinen Prinzen gefunden, meinen Helden, meinen Traummann. Zwar spät, Anfang Vierzig bin ich, but better late than never.

Natürlich stelle ich ihn auch aufs Podest. Auch das gehört dazu. Was geschieht aber, wenn er herunterfällt? Wir werden sehen.

Und vor allem: Was geschieht, wenn ich zur Frau werde, mit den Strukturen der Kirche?

Wir werden sehen.

Der »alte« und der »neue« Orgasmus

Ich zögerte lange, vom 13. Oktober 1983, als ich ihn kennenlernte, bis zum 5. Mai 1984, mit *ihm* das Bett zu teilen. Ich wollte auf keinen Fall wieder das erleben, was ich hinter mir gelassen zu haben meinte, wollte kein Verliebtheitsdrama mehr, lebte völlig zufrieden mit meinen Erfahrungen, die ich mit dem anderen Orgasmus, mit der Verschmelzung mit Gott in der Kommunion gemacht hatte.

Er hat das alles nicht verstanden. Theologen waren für ihn Leute, die sowieso nur Blabla reden, und mich provozierte er besonders gern.

Seitdem ich Theologin bin, sah mich sowieso niemand mehr als Person, als Frau, alle überschütteten mich mit ihren eigenen Bildern, Vorstellungen, Schul- und Pfarrersfrusterfahrungen. Am Anfang bin ich oft darauf eingegangen, habe dann aber bald eingesehen, daß fast immer langwierige Aufarbeitung zu leisten wäre, und außerhalb der Berufsarbeit hatte ich keine Lust, religionstherapeutisch zu wirken. Später gab ich sogar manchmal als Berufsbezeichnung »Kindergärtnerin« an.

Mein neuer Freund und ich sprachen völlig verschiedene Sprachen. Das hatte ich nun davon! Ich hätte mich nie aus meinem eigenen Kreis herauswagen sollen!

Ich hatte mir immer geschworen, wenn überhaupt noch mal ein Mann für mich in Frage käme, dann nur einer, der weiß, was ein Gebet ist, der zumindest ahnt, was ich meine, wenn ich von Gott spreche, der Intuition hat, meditative bis mediale Fähigkeiten, und der vor allem nicht oberflächlich lebt.

Ignorant, wie ich war, meinte ich, das gäbe es nur in kirchlichen Kreisen. Und die wiederum waren mir durch den Zölibat versperrt. Die Sperre zu durchbrechen war nicht gut, das wußte ich. Im Rahmen des Frauenkreises zur feministischen Theologie gab es ein Seminar zum Thema »Huren, Hexen, Heilige«. Kompetente Kirchengeschichtlerinnen und Psychologinnen kamen hier zu Wort – Teilnehmerinnen waren unter anderem auch heimliche Geliebte von Priestern. Sie sahen erschreckend aus – um Jahre älter als ihr biologisches Alter. Sie erzählten davon, wie es ist, immer heimlich tun zu müssen, nie dabeisein zu können, wenn der Geliebte beruflich unterwegs ist, Nähe höchstens als Haushälterin getarnt zu erleben, sich nie zu erkennen geben zu dürfen – grauenhaft. Das Schicksal dieser Frauen prägte sich mir tief ein.

Teile dieses Seminars wurden auch für einen Film mit dem Thema »Die Frau in der Kirche – auf die Plätze...« aufgenommen. Die Sendezeit des Films im Fernsehen wurde dann von 19.30 Uhr auf 17.00 Uhr vorverlegt, auf eine Zeit, zu der nur wenige Menschen zuschauen.

Was ich totschweige, das muß ich nicht totschlagen.

Eine einzige intime Erfahrung dieser Art mache ich in all den Jahren mit einem Priester – und das auch noch im Kloster während eines Seminars! Jahre später erst erzähle ich ihm, daß ich, wäre ich schwanger geworden, ihm das nie gesagt hätte. Da wird er wütend: »Das wäre dann auch mein Kind gewesen.« Ich kenne genügend Frauen, die Kinder von Priestern haben. So ein Schicksal will ich nicht teilen. Um keinen Preis der Welt.

Hätte ich auch nur im entferntesten geahnt, daß ich mit *ihm* sieben Jahre lang ein ähnliches Schicksal zu erleiden hätte, seine Besuche nur heimlich und bei Nacht empfangen darf, ihn auch bei der Arbeit nicht anrufen kann, daß er sich benimmt, als müßte er mich verstecken, obwohl er ja nicht verheiratet ist, weder mit einer Frau noch mit der Kirche, nie, nie, nie wäre ich diese Beziehung eingegangen.

Hätte man mir gesagt, daß ich einmal Intrigen und Lügen ausgesetzt sein würde in einem Ausmaß, das bis an die Grenze des Wahnsinns führt, ohne daß er sich darum kümmert, wäre ich lieber für den Rest meines Lebens zur Einsiedlerin geworden. Gilt denn noch immer das Wort meiner Mutter: »Wer lieben will, muß leiden«? Wann ist das endlich vorbei?

Aber schließlich ist das Pendel zur anderen Seite genausoweit ausgeschlagen. Nicht den Preis der Welt, nein, den Preis des Himmels habe ich bekommen.

Nein, ich bereue nichts.

Aber wir sind ja jetzt sieben Jahre zurück, zu Beginn dieser seltsamen und außergewöhnlichen Liebe.

Er projiziert und verallgemeinert. Das verstehe ich nicht, denn eigentlich ist er brillant und geistreich. Er provoziert. Das verstehe ich. Und dann nehme ich mir vor, ihn so richtig zu verführen. »In drei Sachen bin ich gut«, sagte ich früher immer. »Im Autofahren, im Kochen und im Bett.«

Es ist Mai. Er scheint überrascht, sagt aber nichts. Dann verschwindet er und meldet sich nicht mehr. Wochenlang. Ich schreibe ihm eine Karte. Er hätte sich doch zumindest bedanken können! Auf der Karte frage ich, was er will: Ein Abenteuer? Gut, ich bin einverstanden. Eine Beziehung? Dann soll er es sagen! Oder eine einmalige geistreiche und leidenschaftliche Nacht? Die koste bei mir tausend Mark! Ich bin wütend, schreibe, daß ich von einem Mann seiner Bildung und seiner sozialen Stellung etwas mehr erwarte. Dies sei eher das Benehmen eines Pubertierenden, nicht das eines fast fünfzigjährigen kultivierten Mannes.

Ja, eine Beziehung wolle er, aber das sei alles ein bißchen schwierig. Warum? Das sagt er nicht.

Und wieder fällt mir auf, daß Männer offenbar nicht in der Lage sind, ihre Gefühle differenziert zu äußern.

Wir treffen uns immer wieder. Daß er nicht nur oberflächlich ist, zeigen eher die unkontrollierten kleinen Nebensätze, durch die Weisheit und Gefühlstiefe ans Licht kommen, oft in so krassem Widerspruch zu seinem sonstigen Gebaren, daß mir manchmal die Luft wegbleibt.

Ich erinnere mich daran, wie es war, vor der Riemenschneider-Schnitzerei der »Maria im Rosenkranz« bei Volkach zu knien, die mich in ihrer Schlichtheit immer besonders angezogen hat. Dorthin fuhr ich von Frankfurt aus oft, blieb ganze Nachmittage. Ganz Ruhe, ganz versunken, ganz innenseiend. Die ständige Wiederholung der Gebete beim Rosenkranz ermöglicht einen Zustand tiefsten inneren Friedens.

In diesen Zustand führt mich jetzt seine Umarmung, eine Umarmung, die nicht mehr vom Genitalbereich bis vielleicht zum Herzen führt und auch nicht mehr nur vom Herzen in eine geistige Klarheit, sondern die den ganzen Menschen ergreift und weit darüber hinausgeht.

Ich erlebe den »neuen« Orgasmus.

Diese Erfahrung mache ich nun, mit ihm.

Ich spüre, daß ich liebesfähig werde.

Und ich ahne die Bedeutung der Worte bei der Eheschließung: »Was Gott zusammenführt, das soll der Mensch nicht scheiden.«

,Ich mache ihm einen Heiratsantrag. Er versteht nichts, lacht mich aus und sagt: »Werd du erst mal erwachsen!« Und: »Heute heiratet niemand mehr.«

Welten liegen zwischen uns.

Offenbar verändere ich mich stark, was ich selber nicht bemerke. Ich spüre es an den Reaktionen der Kollegen, ich fühle, daß ich beobachtet werde. Die Gemeinderatsversammlung, jeden Montagnachmittag, wird zur Qual. Kleinste Bemerkungen von mir werden sofort mit der Frage kommentiert: »Bist du überhaupt noch katholisch?«

Anfangs lasse ich mich herausfordern und wetze die Klinge. So zum Beispiel, als ich, völlig naiv, dem neben mir sitzenden Studentenpfarrer Matthias von meiner Freundin, einer Astrologin, erzähle. Diese Freundin, katholisch aufgewachsen, macht sich viele Gedanken darüber, wie sie ihr Wissen um die Sterne mit ihrem Glauben in Einklang bringen kann. Ich frage Matthias nach seinem Sternzeichen, wir machen einen Scherz. In der Runde wird es still, plötzlich sagt jemand: »Bist du denn überhaupt noch katholisch?« Ich antworte: »Hast du nicht neulich von eurem Weihnachtsbaum zu Haus erzählt?« – »Ja, warum?« – »Ein altes heidnisches Sonnenwendensymbol. Ist das katholisch?« Stille. »Und hast du nicht neulich gesagt, an Ostern habt ihr für die Kinder der Freundesfamilie Ostereier versteckt?« – »Ja, warum?« – »Ein alter heidnischer Fruchtbarkeitsritus. Ist das katholisch?« Stille. Aber die Sticheleien gehen weiter.

Für den Referatsleiter muß ich eine Statistik über Einnahmen und Ausgaben machen, die ich verantworte, mein Etat wird aufgestockt. Er ist höher als der der Studentengemeinde.

»Wie hast du das denn fertiggebracht?«

»Alles, was man will, kriegt man fertig.« Finstere Mienen.

Damit ich mich bei der Fülle der Arbeit nicht mehr um die Buchhaltung kümmern muß, wird eine Halbtagskraft eingestellt. Zum Jahresende hab ich einen Überschuß, ich werde gefragt, ob die Studentengemeinde das Geld haben darf. Natürlich, warum nicht? Im folgenden Jahr werde ich nicht mehr gefragt, und nur mit Mühe bekomme ich

Einsicht in die Buchhaltung. Ich hatte es geahnt: Der Leiter der Studentengemeinde hat sich – auf Kosten meines Etats – eine teure Polsterecke in sein Zimmer stellen lassen.

Im Jahr darauf ist »Sparen« angesagt, ich soll keine Referenten mehr engagieren, soll alles alleine bewältigen. Ich verlange Einsicht in die Bücher, die wird mir verwehrt. Mit welchem Recht? Nur weil mir jemand einen Teil meiner Arbeit abnimmt, hab ich plötzlich nicht mehr die Möglichkeit, die von mir verantworteten Kosten zu kontrollieren?

Im gleichen Jahr wird in Tattenhausen ein altes Pfarrhaus von der Studentengemeinde übernommen, das Zimmer des Studentenpfarrers luxuriös eingerichtet. Die Buchhalterin flüstert: »Von deinem Geld.« Und als wir mit den Studenten ein Wochenende dort verbringen, bekomme nicht ich als Frau und Ältere dieses einzige Einzelzimmer, sondern der Studentenpfarrer. Ich schlafe in einem Geschoßbett im Zimmer mit den Studenten. Eine Zumutung, die Grundregeln menschlichen Zusammenlebens werden mißachtet. Alles spricht dafür: Man mag mich nicht mehr, ich soll abgesägt werden. Ganz subtil. Mit lauter kleinen Gemeinheiten.

Ich spüre die beginnende Enge immer deutlicher, gehe zum Prälaten. Der will mir nicht glauben, daß Gelder verschoben werden. Es ist ihm auch viel zu lästig, in diesem Schrebergartenbewußtsein zu denken. Wir reden schnell über »wichtigere« Dinge.

»Warum läuft die Intelligenz den Kirchen weg?« frage ich, »denn genau die sind es, die eigentlich einen großen und tiefen Glauben haben. Kann sich die Kirche denn keine mündigen Gläubigen leisten?« Ich erzähle ihm, daß ich in meiner sogenannten Privatzeit – wann ist ein Theologe denn überhaupt »privat«, und was ist das? – die eigentlichen und substantiellen Glaubensgespräche habe mit Freunden, mit Intellektuellen, die alle von der Kirche weg sind, sich aber keine Gelegenheit entgehen lassen, mit mir zum Thema Kirche und Glauben zu sprechen. Selbst beim Frauenarzt werde ich lange festgehalten und in ein Gespräch über Euthanasie verwickelt. Der Prälat weiß, wovon ich spreche. Zu meinen Problemen sagt er: »Frau Emmermann, hier ist es wie überall: Der Mittelbau macht vieles kaputt. Ich hab gar nicht die Zeit, mich mit diesen Kleinigkeiten herumzuschlagen. Wenn ich nur wüßte, wie ich Ihnen helfen kann. Sollen wir uns mal gemeinsam Ihre Personalakte ansehen?«

Ich winke ab, nehme das nicht so ernst. Mir ist etwas anderes wichtiger. Deshalb sage ich: »Ich bitte Sie, zumindest privat, meine Psychoanalyse zu tolerieren.« Er wird rot, ich weiß, als alter Katholik ist er dagegen. Das ist wie beim Schulmediziner, der gegen die Heilpraktiker ist, und ich fahre fort: »Ist es nicht eine Schande, daß die Seelsorge per Krankenschein betrieben werden muß? Wo bleibt hier wieder mal die Kirche? Sie wissen doch genau wie ich, daß die Soziologie, die Psychologie, kurz, alle neuen Geisteswissenschaften nicht Konkurrenten, sondern Zuträger, Beiträger, Helfer der Theologie sind.«

»Ja, Sie haben recht, ich billige Ihre Analyse auch. Aber sprechen Sie zu niemandem davon«, antwortet er seufzend.

Nachmittags werde ich angerufen: »Was haben Sie mit dem Prälaten gemacht? Der ist ja so nachdenklich geworden, hat seit Ihrem Weggang hier im Hause noch kein Wort gesprochen... – Außerdem, aber mehr darf ich nicht sagen. Sie sollten aufpassen mit allem, was Sie tun und sagen.«

Da haben wir es also! Das ist er, der »Kisi«, der Kirchliche Sicherheitsdienst, über den wir in Anlehnung an »Stasi« mit den Studenten immer geblödelt hatten.

Also nicht nur nicht schreiben, sondern auch nicht sprechen! Die Kollegen wissen nicht mehr, wie sie sich mir gegenüber verhalten sollen. Ich ziehe mich immer mehr aus ihren Gesprächen zurück, und bald heißt es: »Du bist dir wohl zu fein für unsere Gesellschaft?«

Ich reagiere empfindlich: »Ja, ich hab für euren Blödsinn keine Zeit.«

In Zukunft verstummt das Gespräch, sobald ich eintrete.

Dann bekomme ich Schwierigkeiten wegen der »Orientierungsgespräche«. Jeder Student muß, bevor er die »Missio Canonica«, die kirchliche Lehrerlaubnis, bekommt, ein solches Gespräch bei mir haben. Für das Ordinariat, als dessen Vertreterin ich hier fungiere, ist es eine Möglichkeit, die Studenten überhaupt einmal zu sehen, es werden immer mehr, und alles wird, wie überall, anonymer. Früher hielten nur die Priester den Religionsunterricht ab, mit wachsendem Priestermangel aber übernimmt der staatliche Unterrichtsbetrieb immer häufiger diese Aufgabe. Kirche und Kultusministerium haben hier ein Konkordat. Und damit beginnen die Schwierigkeiten beim Auswahlverfahren. Hat nämlich ein Lehrer den Beamtenstatus, kann er nicht mehr entlassen werden. Die Erteilung des Religionsunterrichts kann er aber auch dann aus »Gewissensgründen« ablehnen. So kann keine neue Planstelle geschaffen werden, der Lehrer behält seine Anstellung, der Unterricht fällt aus oder muß von anderen zusätzlich übernommen werden. Da aber Lehrerüberschuß herrscht bei gleichzeitigem Priestermangel, fürchtet man, daß sich Lehramtskandidaten über den Umweg des Religionsunterrichts in eine Stelle schleichen und dann, wenn sie Beamte sind, den Unterricht ablehnen.

Ich selbst habe das »Orientierungsgespräch« natürlich nie als Ausleseverfahren oder gar »Gewissenserforschung« betrachtet, sondern eher als Orientierungshilfe für den Studenten selber. So war es auch mit dem Prälaten abgesprochen. Ich habe mir zwar Notizen über die Gespräche gemacht, aber sie nach den Regeln des Beichtgeheimnisses behandelt. Ich schloß sie ein, und als ich die Kirche verließ, vernichtete ich sie.

Einige Bischöfe denken aber ganz anders über dieses Thema. Sie wollen keine Orientierung, sie wollen die

Gesinnung prüfen. Als Vorstand der Mentorenkonferenz muß ich in dieser Angelegenheit nach Regensburg, zum Bischof. Wir haben ein Streitgespräch, er möchte, daß ich Aussonderungskriterien erstelle. Ich lehne das ab und verabschiede mich mit den Worten: »Wollen Sie bestimmen, wie sich ein Mensch entwickeln wird? Ich maße mir nicht an, dem Heiligen Geist ins Handwerk zu pfuschen. Der Heilige Geist weht, wo er will.«

Wieder ein Minuspunkt für mich.

Eines Tages kommt die Psychologin der Studentengemeinde zu mir. Sie versucht ein Gespräch von »Frau zu Frau«, über Mode, Kosmetik, meine äußere Veränderung. Seit ich *ihn* kenne, hab ich nämlich meine ollen Jeans abgelegt, lackiere meine Fingernägel, gehe zum Friseur. Ich weiß genau, was sie hören will, und frage mich, wer sie wohl geschickt haben mag. Nach einigem Geplänkel sage ich es ihr: »Ja, ich liebe jemanden.«

»Das sieht man dir an, du hast ja eine ganz andere Ausstrahlung.«

Der Zweck ihres Besuches ist erledigt, damit es nicht allzu augenfällig ist, bleibt sie noch einige Momente. Als sie aufsteht und geht, sagt sie: »Irgendwann muß man das legitimieren.«

Soll das ein Hinweis darauf sein, daß außerehelicher Verkehr nicht erlaubt ist?

Wer spielt hier den Kisi und warum? Big brother is watching you. Sind wir schon soweit, daß die Kirche zur Partei verkommen ist?

Ich werde immer unsicherer.

Irgendwann, nach vielen Anläufen, die ich alle amüsiert beobachte, fragt mich auch die Buchhalterin: »Du bist anders geworden, trittst selbstbewußter auf, was ist?«

Inzwischen sehe ich es selbst, den Unterschied zwischen den Fotos von den Wallfahrten mit den Studenten, über die *er* sich immer lustig gemacht hat, und den neuen Paßfotos. Ich sehe aus wie ein neuer Mensch.

»Ich liebe und werde geliebt. Und der, um den es geht, ist ein Hammer von einem Mann!«

Das ist die Bombe. Jetzt wird alles noch enger.

Wer liebt, lebt gefährlich. Besonders hier, wo Liebe qua Struktur verwaltet wird.

Die Ehe, sagt er, ist genauso eine liebestötende Struktur. Aber wer wird siegen: die Liebe oder die Strukturen?

Gibt es einen Kompromiß? »Jeder Kompromiß ist billig«, sagt er.

Für Pater G. zu gefährlich?

Ich mache weiter wie bisher, ich weiß, an höchster Stelle schätzt man meine Arbeit so, wie ich sie mache. Von den Kollegen bin ich inzwischen isoliert, die Einsamkeit nehme ich in Kauf. Nur noch einer spricht offen mit mir, ein laisierter Priester, verheiratet, zwei Kinder. Er spürt, was ich durchmache. »Die andern kriegen Angst«, sagt er, »und Angst macht eng.«

»Ich tue doch gar nichts.«

»Eben. Du gehst deinen Weg. Würdest du dich mit dem Leiter hier arrangieren, ihr wärt das beste Team. Merkst du nicht, daß die Atmosphäre im Haus abhängig ist von eurem Verhältnis zueinander?«

»Mach mich nicht so wichtig.«

»Es ist so wichtig.«

Dieser Kollege – er trägt noch heute den Parka der 68er – wurde lange bekämpft, sein gewaltloser Widerstand brachte alle auf die Palme. Er durchschaute vieles; wurde man wütend, grinste er. Im Laufe der Zeit bekam er Narrenfreiheit – jeder Hof braucht seinen Narren. Für ihn ergibt sich daraus: Zurückhaltung in der Öffentlichkeit, möglichst kein Gespräch mit mir ohne Zeugen. Er kann es sich nicht leisten, seine Stelle zu verlieren. Letztlich wird er mir keine Hilfe sein.

Er sagt: »Die Besten will man nie.« Dieser Satz hilft mir sehr. Dann fragt er: »Dieser Leiter, Pater G., hast du mit ihm geschlafen?«

»Nein, wieso, hätte das damit was zu tun?«
Er zuckt die Achseln.

Was will Pater G. eigentlich? Warum bekämpft er mich so? Und je mehr ich ihm aus dem Wege gehe, desto mehr.

Begegne ich ihm irgendwo im Haus, so wird er rot, seine Hände beginnen zu zittern, und er zündet sich hastig eine Zigarette an.

Manchmal sucht er aber auch das Gespräch mit mir, fragt immer wieder, wie ich meine Arbeit verstehe, denn daß ich laufend neue Themen bearbeite, das paßt ihm nicht. »Ich kann dich nicht einordnen«, ist die Begründung, »mal holst du eine Dürckheim-Tänzerin, dann einen Familientherapeuten, dann einen Mystiker. Was ist deine Linie?«

Ich verstehe ihn nicht, denn es geht doch immer nur darum, in die Liebe Gottes zu kommen. Und Jesus hat uns doch das an seinem Leben vorgelebt. Man kann und muß alle Themen bearbeiten.

»Du als Jesuit solltest das doch nun wirklich begreifen«, sage ich zu ihm. Ging es den Jesuiten nicht immer um Gotteserkenntnis und Selbsterkenntnis in einem dialektischen Verhältnis zueinander? Er kommt von der Ordnung her, er will mich einordnen können – Ordnung und Übersicht bringen Sicherheit. Ist er so unsicher? Ich kann mir nicht vorstellen, daß er dumm ist. Ich hab mich doch sonst immer bei den Jesuiten intellektuell und geistig heimisch gefühlt. Und wenn wir auf unterschiedlichen Standpunkten bestanden, so gab es zumindest intellektuell redliche Akzeptanz, soweit das, was man tat, theologisch stimmte. Nirgendwo sonst habe ich soviel geistige Freiheit erfahren, und gerade das habe ich so geschätzt.

»Laß uns das alles zusammen aufbauen«, sagt er, »ohne die anderen.« Und dann soll ich ihm erzählen, was ich von den Kollegen halte. Ich lasse mich nicht zur Komplizin machen – das sage ich ihm.

Als ich diesmal das Zimmer verlasse, weiß ich, daß es hart werden wird.

Mein Traum kommt mir immer wieder in den Sinn; der Traum, in dem die Gesichter der anderen Menschen mit meiner Hilfe wegoperiert werden sollten. Langsam erschließt sich der Sinn dieses Traums... Im Traum bin ich aus dem Fenster geflogen!

Dabei hat der Pater die Zartheit und Liebe Gottes auch in sich. Das spüre ich und sage es ihm auch nach einer Predigt, die er gehalten hat.

Vielleicht, vielleicht war das mein Fehler. Ich fürchte, er hat mich völlig falsch verstanden, nicht den Mann meinte ich, sondern das Werkzeug Gottes.

Wir machen einen letzten gemeinsamen Verständigungsversuch und fahren zu meinem Beichtvater, dem »Herrn« von Andechs. Jeder soll seine Position darstellen.

Er beschwert sich regelrecht über mich. Vor allem darüber, daß ich so wenig Anteil nehme an dem, was er macht. »Nie kommst du in meine Gottesdienste am Abend«, sagt er.

Coelestin, der Herr von Andechs, sagt: »Ja, warum machst du das denn auch nicht?«

»Ihr könnt mich doch nicht mit Haut und Haaren schlucken. Ich hab doch auch ein Privatleben.«

Ungläubiges Erstaunen: »Wirklich?«

»Natürlich, wie sollte ich denn das hier sonst alles aushalten?«

Ich sage das zu meinem Schutz, denn ich will auf keinen Fall in diese Nähe zu ihm, in die er mich haben will, in Wahrheit brauche ich für mein Privatleben nicht gerade sehr viel Zeit. Ich traue dem Zölibat nicht mehr, denn ich weiß ja, was sich alles hinter den Kulissen abspielt.

Ich reagiere rein instinktiv, halte mich fern und ziehe mich zurück. Die Rückreise nach München verläuft stumm.

Wo aber ist *er*? Man muß ja nicht gleich legitimieren, es würde schon genügen, wenn er mich einmal von der Arbeit abholt, damit man sieht, daß es ihn gibt, das wäre schon Schutz, ich hätte meine Ruhe. Ich spüre das, bitte ihn darum.

Er versteht meinen Hilfeschrei nicht, lacht mich aus: »Die Kirche, das ist was für Pubertierende. Ich hab sie bereits hinter mir gelassen, als ich dreizehn war. Zuerst wollte ich Pfarrer werden, aber dann ist etwas passiert, und ich hab mir geschworen, zum Messer zu greifen, damals schon, mit dreizehn.« Hat er hier sein eigenes Thema nicht erledigt? Oder weshalb sonst versteht er meinen Hilfeschrei nicht?

Heimlich bewerbe ich mich in einem anderen Referat.

Theresia Hauser hat in zwölfjähriger harter Arbeit das Frauenreferat aufgebaut. Nun möchte sie sich zurückziehen, sucht eine Nachfolgerin.

Schon am Telefon verstehen wir uns gut, der »Draht« wird noch stärker, als wir uns treffen. Sie will mich als Nachfolgerin haben. Das Referat ist zwar unter Münchens Dächern, aber an Augsburg angegliedert – das ist weiter weg, wie gut. Ich muß zum Einstellungsgespräch nach Augsburg zum Bischof – ein schwacher Mann, was Personalfragen betrifft, sagen alle. Entscheidungen trifft er nur formal, er tut, was andere ihm sagen. Die Entscheidung über mich ist negativ.

In der Gerüchteküche heißt es: »Du hast rote Haare, das erinnert an Hexen.« Meine Haare sind hennagefärbt. Außerdem mag das skurril erscheinen. Doch wenn man in dem ganzen Schlamassel drinsteckt, fragt man sich: wer ist hier eigentlich verdreht? Das erfordert hohe Wachsamkeit. Das ist das Arsen in den Strukturen.

Zumindest für ein Statement will Theresia Hauser mich dabeihaben, beim Katholikentag in München, in der »Halle der Frau«. Juli 1984. Sie hält das Referat, dann sprechen fünf Frauen. Es soll eine Art Bekenntnis sein, aus dem eigenen Leben. Das ist etwas völlig Neues auf dem Kirchentag und ein Wagnis. Schon daß es eine »Halle der Frau« gibt, ist neu.

Ich soll für die vierzigjährige alleinstehende Frau sprechen. Das Thema lautet: »Ja zu meinem Leben«. Ich beginne: »Ich bin Anfang Vierzig, wollte immer eine Familie haben, vier Kinder, ein großes, gastliches Haus, in dem man fröhlich ein und aus geht. Ich bin nicht verheiratet, habe keine Kinder, habe eine kleine Mietwohnung. Sage ich Ja zu meinem Leben?«

Das Zelt ist riesengroß und bis auf den letzten Platz besetzt. Acht Minuten hat jeder für sein Statement. Daß in einem so großen Zelt mit so vielen Menschen eine so große Stille herrschen kann! Je stiller es wird, desto ruhiger werden meine zittrigen Hände und meine Stimme.

Ich ende mit den Sätzen: »Vierzig. Die Mitte des Lebens. Hier geht etwas zu Ende, und etwas Neues beginnt. Man nennt es Midlife-crisis. Ich sage: nicht Krise – Chance. Es wird etwas qualitativ Neues kommen, ich weiß es, ich spüre es. Wohin? Das weiß ich nicht. Vierzig ist eine biblische Zahl. Ist nicht Jesus nach vierzig Tagen Beten und Fasten seinen Weg gegangen? Und das Volk Gottes, wurde es nicht nach vierzig Jahren in das Gelobte Land geführt? Vierzig: die biblische Zahl des Heimkehrens, des Ankommens. Dorthin, wo Gott uns haben will.«

Dann kommen die Einzelgespräche, die Frauen stehen Schlange. Wie schmerzt mich mein Herz, es sind fast alles heimliche Geliebte von Pfarrern, in den mittleren Jahren wie ich. Soviel Leid, soviel Leid! Und nur, weil Menschen lieben. Entsetzlich! Das kann doch Gott nicht wollen!

Als Pater G. von meinen Vortrag erfährt, wird er wütend. Noch einmal sagt er: »Laß uns doch hier zusammen ein Programm aufbauen.«

»Gut«, sage ich, »ich denke mir was aus.«

Was tut hier not? Gesprächsführung, Unterscheidung von Emotionen und Sachverhalten, durch Erfahrungswissen. Ich bitte den Veranstalter eines Management-Seminars, sein Wissen und Know-how für die Studenten zur Verfügung zu stellen. Der willigt auch ein. Pater G. nimmt die Anregung auf. Als der Seminarleiter dann zu einem

Gespräch kommt, mit einer Stunde Anfahrtsweg, ist Pater G. nicht da. Er entschuldigt sich auch nicht. Aus dem Programm wird nichts.

Es liegt auf der Hand: Es geht Pater G. weder um ein gutes Semesterprogramm noch um Teamarbeit. Was er will, das ist: mich an seiner Seite. Allein, ohne jemand anders. Der Zölibat zwingt zu neurotischen Umwegen.

Ich kann die Kraft für das Leben nicht mehr wie bisher aus der Liebe Christi und der damit verbundenen Arbeit ziehen. Wenn ich überhaupt lebe, dann nur noch in *seinem* Arm, zur Arbeit schleppe ich mich, schon vor der Tür bekomme ich Magenkrämpfe, Kopfschmerzen und Migräneanfälle. Ich bin völlig verzweifelt.

Machtkampf

Der Theologenkreis, für den ich ursprünglich eingestellt worden bin, hat sich zum Mentorat gemausert, zu viele Studenten müssen betreut werden. Es werden noch zwei Planstellen geschaffen.

Der Prälat, inzwischen Domdekan, will das Ganze nun strukturell von der Studentengemeinde abkoppeln und ein eigenes Referat schaffen. Ich soll Referatsleiterin werden. Da wird es weniger Reibereien geben, die Kompetenzen sind dann klarer abgesteckt.

Pater G. sagt mir: »Das werden wir schon sehen, wer hier die Oberhand behält.« Mir kommt es gar nicht in den Sinn, die Oberhand zu bekommen. Mir ist auch völlig egal, in welchem strukturellen Rahmen die Arbeit ablaufen soll. Das sage ich auch. Es besänftigt ihn. Alles bleibt beim alten.

Als eine weitere Mentorin eingestellt werden soll, wird bei den Bewerbungen, die wir gemeinsam durchgehen, überwiegend auf die Fotos gesehen. Die meisten werden von Pater G., mit einem Seitenblick auf mich, mit »zu gefährlich« kommentiert und weggelegt.

Ich sage nur: »Na, du nimmst mich aber ganz schön her als Projektionsfläche.«

Er antwortet: »Du eignest dich dafür ja auch so gut.«

Er begreift in dieser Zeit, daß ich gar nicht verstehe, worum es im Kern der Dinge wirklich geht, und deshalb gar nicht oder falsch reagiere. Er sagt: »Du bist wirklich noch ein Kind. Aber – ganz nett.« Und weiter: »Wenn du so weitermachst, wirst du zum Herbst die Kündigung haben. Merkst du nicht, daß hier Köpfe rollen müssen? Das riecht man doch. Wenn ich an deiner Stelle wäre, dann würde ich dafür sorgen, daß es sein Kopf ist, der rollt.«

Ich will das nicht glauben: »In der Kirche geht es doch um die Liebe.«

»Ach, Liebe, Liebe, Blödsinn.« Er schüttelt über mich den Kopf.

Noch einmal ein Gespräch mit Pater G. »Ich will, daß du das hier mit mir gemeinsam machst. Wenn nicht...« Sein Daumen geht nach unten. »Wir werden schon sehen, wer den längeren Arm hat.«

Das ist offener Machtkampf.

»Dann gehe ich eben in ein anderes Referat«, sage ich.

»Man wird dich in keinem anderen Referat nehmen mit der Personalakte, dafür werde ich sorgen.«

Noch immer weiß ich nicht, wie wichtig so eine Akte ist und daß er alles, was ihm nicht paßt, ihm persönlich nicht paßt, muß hinzugefügt werden, in diese Akte legen läßt.

»Vor allem, denk an den Makel, gekündigt zu werden«, fügt er nun noch hinzu.

Er läßt keine Gelegenheit mehr aus, mich zu kränken. Wer soviel Haß in sich trägt, muß unendliche Liebesdefizite haben! Und der Zölibat bietet ihm natürlich keinen Schutz vor diesen Gefühlen.

Das Fünfklassensystem in der katholischen Kirche hat folgende Rangstufen: 1. Jesuit, 2. Priester, 3. Mann, 4. Laientheologe, 5. Frau.

Pater G. ist eins, zwei und drei, ich bin vier und fünf.

Der Kampf scheint von vornherein entschieden.

Ende April flattert mir eine »Abmahnung« ins Haus. Damit kann ich nun gar nichts anfangen, ich bin wie gelähmt. Ein befreundeter Jurist sagt: »Hast du Einsicht in die Personalakte bekommen?«

»Nein.«

»Die muß man dir aber gewähren und das, was da drin ist, mit dir besprechen, sonst ist eine Abmahnung sowieso rechtsunwirksam, das ist Verletzung der Fürsorgepflicht. Ignorier das einfach, arbeite weiter wie bisher, mach dich nicht kaputt. Mach Dienst nach Vorschrift. Wenn es schlimmer wird, übernehme ich das. Du mußt nur die Nerven behalten.«

Ich arbeite weiter wie bisher. Sage niemandem etwas, auch nicht im Kollegenkreis. Pater G. beobachtet mich. Plötzlich soll jeder seine Bürostunden aufschreiben und eine Anwesenheitsliste führen.

Ich sitze inzwischen in den Räumen des Mentorats in der Veterinärstraße, gleich um die Ecke der Studentengemeinde. Kommt ein Student vorbei und wir reden auf dem Flur, geht das Telefon, ich sause hin, da ist niemand mehr dran.

»Schreib die Zeit auf«, sag ich zu dem Studenten, »ich werde kontrolliert.« Das gleiche passiert, wenn ich zur Toilette gehe. Genau diese Daten werden später vor Gericht als »Unerlaubt-vom-Dienst-Ferngeblieben« gegen mich verwendet.

Mein Kreislauf ist inzwischen so schlecht, daß ich mich überall festhalten muß, um nicht umzufallen. Meine linke Seite ist wie gelähmt, den linken Arm kann ich kaum noch heben.

Dafür ist mein Traumleben sehr lebendig. Mehrere Male habe ich denselben Traum: Ich bin in der Badewanne. Da kommt Pater G. und versucht, mich zu vergewaltigen. Es gibt in der Badewanne einen Kampf, dann kastriere ich ihn.

Als ich *ihm* davon erzähle, lacht er nur und meint lakonisch: »So was ist eine blutige Angelegenheit.«

Pater G. gibt sich sehr locker, er meint: »Konflikte, die auf der Persönlichkeitsebene nicht gelöst werden können, werden auf der Ebene der Struktur gelöst.«

Dann bittet er mich zu sich. Ich mag diese Unter-vier-Augen-Gespräche nicht, es gibt keine Zeugen. Und wer weiß, was er daraus macht! Mein Instinkt rät zu äußerster Vorsicht. Andererseits darf ich mir eine Gesprächsverweigerung nicht leisten. Als wir unter vier Augen sind, sagt er: »Du hast doch eine Abmahnung bekommen, nicht wahr? Wir sollten doch einmal darüber sprechen, was wir nun tun können.« Er sagt tatsächlich »wir«.

Soviel Unverschämtheit und Arroganz kann ich überhaupt nicht begreifen: »Hör mal, das kommt doch alles von dir.«

Da wird er rot: »Nun ja, irgendwie muß ich dich ja mit mir ins Gespräch bringen.«

Eine subtilere Art, sich jemanden unterzuordnen, gibt es wohl kaum: Er schlägt mich, um mich zu sich zu holen. Mein Gott, was für ein Sadist! Nur ein klarer Kopf kann mich noch retten. Schwierig, bei soviel Angst, die er mir zu machen versucht.

»Auf diese Weise?«

»Wir können immer noch was machen, wir könnten zum Beispiel einmal gemeinsam deine Personalakte einsehen und überlegen, was man daraus entfernen kann.«

»Du meinst im Ernst, daß ich zu dir noch Vertrauen haben kann? Im übrigen hab ich ein Recht darauf, meine Personalakte einzusehen. Tu nicht so, als tätest du mir damit einen Gefallen.«

»Woher willst du das wissen?«

»Das ist das geltende Arbeitsrecht.«

»Das greift hier nicht.«

»Dann gehe ich eben zur Mitarbeiterversammlung.«

»Das verbiete ich dir.«

»Das kannst du mir gar nicht verbieten.«

Und dann sage ich: »Ist das nun die endgültige Kriegserklärung?«

»Wenn du dich nicht unterordnest, ja.«

»Heißt das: Krieg oder Liebe?«

»Ja.«

»Nun, ich bin generell eher für die Liebe: Aber ich muß erst meinen Freund fragen, denn der sagt, in diesem Fall muß man Krieg führen.«

Da wird er ganz blaß: »Du hast einen Freund?«

»Das weißt du doch.«

»Nicht, daß es SO WAS ist.« Nun ist seine Stimme ganz schwach geworden, er fragt mich, wann ich mich denn mit meinem Freund besprochen haben werde und ihm endgültig Bescheid sagen kann.

»Übermorgen«, sage ich.

»Nun gut.«

Das sind unsere letzten Worte. Von nun an verkehren wir nur noch schriftlich miteinander.

Nur noch auf dem gemeinsamen Gemeindefest sehe ich ihn. Da sagt er im Kreis seiner Studenten: »Was jetzt auf dich zukommt, wirst du nervlich wohl nicht durchhalten.«

»Es gibt ja auch einen Rechtsbeistand.«

»Das wirst du nicht wagen. Außerdem kostet das auch Geld, und so hoch ist dein Gehalt auch wieder nicht.« Wenn er wüßte, daß ich schon jemanden habe, der mir helfen will, denke ich.

Zwei Kündigungen – die Kirche macht's gründlich

Die Ereignisse überschlagen sich. Im Juni wird mir gekündigt. Zuerst kann ich es nicht glauben, dann muß ich lachen, denn es gibt wirklich keine Gründe.

Er ist nicht da – Segeltörn im Mittelmeer. Mich hat er nicht mitgenommen: »eine reine Männersache«. Als ich ihm anbiete, ihn in Athen abzuholen, sagt er: »Nein, nein, ich hab schon beruflich viel Ärger, privaten Ärger kann ich mir nicht auch noch leisten.« Wieso privaten Ärger, wenn es sich um eine reine Männersache handelt? Ich habe keine Kraft nachzuhaken, an zwei Fronten gleichzeitig zu kämpfen, das ist mir zuviel.

Zuerst rufe ich Norbert Lohfink an, er lehrt momentan in Innsbruck. »Du wirst dich doch wohl nicht einschüchtern lassen«, sagt er, »geh vor Gericht. Du wirst gewinnen. Das Ganze ist doch lächerlich. Hältst du das alles denn durch?«

»Ich hoffe es, ich mache gerade eine Psychoanalyse.«

Da lacht er: »Dann solltest du am Schluß der Verhandlung sagen: Mein Durchhalten verdanke ich der Psychoanalyse.«

Als ich in der Personalabteilung nachfrage, wer das veranlaßt hat, wird mir geantwortet: »Das hat Pater G. veranlaßt.«

»Das darf er doch gar nicht, das muß doch der Referatsleiter, der Domdekan, machen.«

»Ich weiß, aber der Domdekan ist doch gerade in Rom, und Pater G. meinte, es eilt, der Domdekan sei einverstanden.«

Ich weiß, daß es nicht eilt, denn das Datum für eine Kündigung zum Ende des dritten Quartals ist der 15. August. Jetzt aber ist erst Juni.

Jeder bietet mir jetzt an, mit jedem zu reden. Keiner weiß mehr, worum es eigentlich wirklich geht.

Ich gehe zum Generalvikar. Ein kluger Mann. Er versteht das Ganze auch nicht, sagt, daß bekannt sei, daß ich gute Arbeit leiste, und fragt, ob ein Gespräch mit Pater G. nützen könne.

»Nein, ich glaube nicht«, sage ich. Was soll ich ihm denn sagen: daß der mehr Nähe wollte, mich immer um sich herum haben wollte, ärgerlich wurde, wenn er etwas von mir oder über mich nicht wußte? Daß ich ihm einen endgültigen Korb gegeben hab, als ich von *ihm* sprach? Und daß genau eine Woche danach die Kündigung von ihm betrieben wurde?

Nein, das sage ich nicht. Es gibt so etwas wie einen Ehrenkodex.

»Die Gründe sind lächerlich, Herr Generalvikar.«

»Natürlich, das sehen wir auch. Was steckt denn dahinter?«

Ich seufze nur. Da sagt er: »Ja, jetzt müssen Sie sich wehren. Sie müssen vor Gericht, wir werden verlieren. Wir werden die Kündigung nicht zurücknehmen, die Kirche muß ihr Gesicht wahren.« Ganz ruhig sagt er das und sehr freundlich.

So also wird auf dieser Ebene gesprochen! Ich kenne das nur vom Fernsehen, daß so etwas Realität sein kann, ahnte ich nicht.

»Und dann?« frage ich, sehr traurig. »Kann ich nicht etwas anderes machen?«

»Was denn?« fragt der Generalvikar.

»Kann ich nicht eine Supervisionsausbildung machen?«

»Ich fürchte, da sind Sie der Kirche um zehn Jahre voraus. Wir sind noch nicht soweit.«

»So lange kann ich aber nicht warten.«

Seufzen: »Zur Not ist es eine Frage der Höhe der Abfindung. Mir tut das auch alles sehr leid, zumal mir wirklich immer wieder berichtet wurde, wie gut Sie arbeiten. Wollen wir nicht doch noch einmal alle miteinander reden?«

Bis so hoch oben in der Hierarchie weiß man von meiner Arbeit? Das überrascht mich, und es macht auch ein wenig Mut, denn Pater G. hatte immer gesagt: »Die da oben kümmern sich einen Dreck um unsere Arbeit. Hier kann nur einer uns alle schützen und unsere Interessen wahren, und das bin ich.«

Ich lasse mich nicht noch mehr isolieren, spreche aber auch nicht von diesen Machtspielchen, obwohl ich im Ordinariat immer wieder danach gefragt werde. Es ist mir zu dumm. Der Domdekan ahnt alles. Nach »oben« dienert Pater G., das hab ich selbst erlebt.

Ein letztes Vierergespräch auf oberer Ebene bringt eine Flut emotionaler Vorwürfe Pater G.s gegen mich. Ich soll Stellung nehmen. Das ist mir nicht möglich, denn was kann man gegen Emotionen einwenden? Die Sachargumente treten völlig zurück. Die Gesprächsebenen werden laufend miteinander verwechselt. Nur das kann ich immer wieder sagen und daß es überhaupt nicht geht zu sprechen. Versteht denn niemand etwas, begreift denn hier kein Mensch, worum es geht? Ich kann doch nicht gleichzeitig Moderator und Argumentationsgegner sein! Ich kann nichts weiter machen, als darauf hinzuweisen, daß so nicht gesprochen werden kann. G. reagiert fast hysterisch, schreit mit hochrotem Kopf: »Ich verlange die fristlose Kündigung!«

Er bekommt seinen Willen.

Am 2. 8. 1985 bekomme ich also noch eine Kündigung, die fristlose.

Der befreundete Jurist sagt: »Sie spekulieren jetzt damit, daß du die Nerven verlierst. Diese Kündigung ist rechtlich genauso unwirksam wie die fristgerechte. Wenn du jetzt von der Arbeit wegbleibst, hast du diese Kündigung akzeptiert. Und dann haben sie dich. Geh also weiter zur Arbeit, Dienst nach Vorschrift. Und kein Wort mehr zu irgend jemandem, außer im Beisein eines Rechtsanwaltes.«

Bis zum 30. September sind es noch fast zwei Monate. Ich arbeite. Wie ich das allerdings aushalte, das weiß ich heute nicht mehr. An diese Zeit hab ich nur zwei Erinnerungen:

Meine Lohnsteuerkarte wird mir zugeschickt vom Finanzamt. Ich soll den Empfang quittieren, das ist unüblich. Ich lese im selben Satz, daß hiermit das Arbeitsverhältnis zum 30. 9. 1984 beendet ist und ich gegen die Kündigung keine Einwendungen habe. Der Zusatz: »Ich habe von dieser Bescheinigung eine Ausfertigung erhalten« ist mit Tinte durchgestrichen. Empfangsbestätigung und Verzichtserklärung in einem! Dazu nicht mal eine eigene Ausfertigung, also kein Beweismittel für mich!

Ich kann das nicht glauben, habe Angst, schon Gespenster zu sehen. Aber hätte ich das aus Versehen unterschrieben, mit meinem wirren Kopf nur das Wort »Empfangsbestätigung« gelesen, wäre meine ganze Klage gegen die Kirche nichtig gewesen.

Von nun an sehe ich überall Bedrohungen.

Die andere Erinnerung: Immer wieder ruft *er* bei der Arbeit an – jetzt, endlich –, um mir zu sagen: »Rühr dich da nicht weg!« Der Rest ist im Dunkel.

So dumm waren »die da oben« wohl doch nicht. Als der ganze Kampf beendet ist, wird Pater G. versetzt – als Direktor an ein dem Jesuitenorden assoziiertes Knabeninternat. »Hochgelobt« nennt man das, nach dem Petruspfennigprinzip.

Daß ich nun in eine »ecclesiogene Neurose« mit paranoiden Schüben schlittere, wundert niemanden. Meine Analyse dauert noch fast zwei Jahre.

Ich habe Angst, ans Telefon zu gehen.

Angst, auf die Straße zu gehen.

Angst, wenn es an der Tür klingelt.

Angst vor den Anrufen, die mich als Hexe beschimpfen.

Angst, Realität und Wahn durcheinanderzubringen.

Sehe ich Studenten auf der Straße, kehre ich um, damit sie mich nicht ansprechen können. Ich lege mir eine andere Haarfrisur zu, auch die Haarfarbe ändere ich.

Fahre ich durch Bayern und sehe eine Barockkirche – und die stehen überall –, wird mir speiübel.

Höre ich Kirchenglocken, muß ich mir die Ohren zuhalten. Als ich Weihnachten doch in die Kirche gehe, bekomme ich ohne Grund einen wüsten Streit mit den Bekannten, bei denen ich eingeladen bin.

Ich bin genau an dem Punkt, an dem sich die meisten von der Kirche und damit auch vom Glauben abwenden und an dem, wie ich meine, religionstherapeutische Arbeit nötig wäre.

Ich weiß genau, daß ich nun meinen eigenen Glauben und die Glaubenserkenntnis der Kirche, persönliche Unzulänglichkeiten von Menschen innerhalb der Kirche und strukturelle Machtausübung nicht in einen Topf werfen darf. Und spüre dennoch, daß ich kaum in der Lage bin, das eine vom anderen zu trennen.

Ich bekomme Atemnot, Krämpfe in den Bronchien, der linke Arm und das linke Bein sind wie gelähmt.

Der Rest ist Dunkel.
In dieses Dunkel fällt kein Licht.
Es kann nicht erzählt werden.

5

Klage gegen die Kirche

Flüchten oder Standhalten?

Der Schock wegen der Kündigung steckt mir in den Gliedern. Zusätzlich zu den anderen Krankheitssymptomen habe ich nun auch noch unerklärbares Fieber. Zum Wochenende lasse ich mich trotzdem gesund schreiben, denn da habe ich ein Seminar mit vierundzwanzig Studenten angesetzt. Thema: »Flüchten und Standhalten – zur Aktualität christlicher Mystik am Beispiel von Johannes Tauler.« Natürlich muß ich da hin, zur Not ruhe ich mich am Montag aus.

Der eingeladene Referent, ein Priester, wir kennen uns gut, haben schon oft zusammen gearbeitet, hat wenig Zeit, will per Flugzeug kommen. Ich fahre zum Flughafen, um ihn abzuholen. Dort herrscht Chaos, eine Bombendrohung, die Flugzeuge landen völlig unregelmäßig.

Zwei Flugzeuge warte ich ab, aber der Referent ist in keiner Maschine. Inzwischen ist es fast achtzehn Uhr, Seminarbeginn. Ich rufe im Kloster an, dort sagt man mir, der Priester habe angerufen und abgesagt, auf dem Weg zum Flughafen habe er einen Unfall mit seinem Auto gehabt.

Was nun? Normalerweise arbeite ich mich in jedes Thema ein. Das hat sich bewährt, so kann ich als eine Art Ko-Referentin agieren und schwierige Situationen aufzufangen helfen.

Diesmal habe ich mich nicht eingearbeitet. Zum einen war ich zu erschöpft, aber zum anderen hatte ich wirklich Angst, das Büro zu verlassen und in die Bibliothek zu gehen. Allmählich bin ich zermürbt. Angst und Standhaftigkeit halten sich die Waage.

Die Studenten sollen erst mal essen, sagte ich, ich bin in einer Stunde da. Während der Autofahrt prasseln die Gedanken auf mich ein. Flüchten und Standhalten? Das paßt wirklich als letztes Thema. Ist es wirklich das letzte? Wenn ja, was soll ich dann tun? Was haben andere Theologen gemacht, die aus der Kirche weggegangen sind oder weggehen mußten? Die meisten sind Therapeuten geworden, einige Moderatoren im Fernsehen, andere Lektoren in Verlagen. Schreiben? Das wäre die Erfüllung all meiner Träume, aber sind Träume nicht viel zu zerbrechlich? Das einzige, was je von mir veröffentlicht wurde, war ein kleiner Aufsatz im Kinderteil der Weihnachtsausgabe einer Tageszeitung, als ich zehn Jahre alt war. Das ist sicher keine gute Voraussetzung.

Was soll ich den Studenten erklären? Sie dürfen auf keinen Fall unter meinem schlechten Zustand leiden. Als ich ankomme, bin ich ganz ruhig, erkläre die Lage und bespreche die Möglichkeiten, das Seminar noch zu retten.

Die Studenten verhalten sich großartig. Sie bilden Arbeitskreise, beschäftigen sich vorab mit dem Thema. In der Zwischenzeit lese ich in der Klosterbibliothek. Auch nachts kann ich weiterarbeiten, meine eigene Problematik behindert mich nicht. Dafür bedanke ich mich beim Herrgott.

Das Seminar verläuft dann noch ganz ausgezeichnet. Kein Student wird durch meine eigene Problematik belastet. Am Sonntagmittag sitzen wir alle beim Kaffee. Wenn ein Seminar gelungen ist, herrschen immer eine ganz besondere Klarheit und Freude, es ist wohl einfach so, wie es bei Matthäus 18, 20 heißt: »Denn wo zwei oder drei in meinem Namen versammelt sind, da bin ich mitten unter ihnen.« Ich kann es nicht anders erklären. Jetzt bitte ich die Studenten aufzustehen. Freitagabend noch hätten sie das als sehr absonderlich empfunden, hätten gelacht. Jetzt wird es still, alle stehen auf.

»Ich bitte euch, fragt jetzt nichts. Ich bitte euch, betet mit mir das Vaterunser. Für mich.«

Darf ich das? Ganz allein für mich ein Vaterunser beten lassen? Bin ich zu egoistisch? Ich darf das doch, Herr? Als

Fürbitte, nicht wahr? Wenn nicht, dann verbiete Du es ihren Herzen.

Sie beten. Alle.

Ich bedanke mich. »Und damit ihr wißt, warum: Es ist mir gekündigt worden. Ich weiß jetzt nicht mehr weiter.« Ich schlucke, kann aber nicht alle Tränen zurückhalten.

Betroffenheit. Schweigen.

Eine Schwester war hereingekommen während des Gebetes. Sie bricht das Schweigen: »Dagegen müssen Sie etwas unternehmen, Frau Emmermann.«

Flüchten oder Standhalten?

Die Studenten, meine geliebten Studenten, verabschieden sich, je nach Temperament, scheu oder unsicher, still oder verlegen, verwirrt oder wütend, manche auch bewundernd.

Flüchten oder Standhalten?

Ich bin völlig verunsichert, frage den befreundeten Juristen, was ich tun soll. Darf ich denn eine kircheninterne Sache von einem weltlichen Anwalt vertreten lassen? Der Jurist sagt: »Wir sind doch nicht im Mittelalter. Wenn du innerhalb der Kirche keine Hilfe bekommst, dann mußt du dich doch nach außen wenden.«

Pater G. ruft mich an und verbietet mir, von der Kündigung auch nur irgend jemandem zu erzählen. Das sei Dienstgeheimnis. Wenn ich das täte, dann würde er noch ganz andere Maßnahmen ergreifen. Dann bekomme ich jede Menge Gesetzestexte in mein Postfach gelegt.

Ich versuche, einen klaren Kopf zu behalten. Nur das kann mich jetzt noch retten. Was wird hier alles miteinander vermischt? Wie kann eine arbeitsrechtliche Sache zu einer kircheninternen Angelegenheit erklärt werden?

Der Analytiker sagt: »Hätten Sie nicht so einen gutfunktionierenden Verstand, würde ich Sie wohl einweisen lassen müssen. Allein die Analyse wäre nicht genug.«

Flüchten oder Standhalten?

Selbst meine Mutter sagt jetzt: »Geh da weg. Gegen die Kirche kommt niemand an.«

Der befreundete Jurist, jetzt mein Anwalt, schüttelt nur immer wieder den Kopf über das Ausmaß des Psychoterrors. Ich glaube, kein anderer hätte das ganze Verfahren mit mir durchgehalten, denn ich bin keinerlei Hilfe. Mit akribischer Sorgfalt trägt er alles zusammen, immer wieder muß ich irgendeine Bescheinigung oder Unterlage besorgen. Mein Gott, was wird das kosten? »Darum kümmere dich nicht, zur Not mache ich das als Hobby für dich, es macht mir Spaß, dem Ordinariat eins auszuwischen. Ich verhungere deshalb nicht.«

»Das Schlichtungsverfahren«, sagt er später, »ist eine formale Angelegenheit. Ich glaube nicht, daß die Kirche sich einsichtig zeigt nach allem, was bisher gelaufen ist, denn wir klagen auf Weiterbeschäftigung.«

Das Verfahren ist dann am 11. September 1985. Ich kann mich noch gut an den wohlmeinenden Richter erinnern, der meint, daß es sich hier wohl um schwerwiegende Kommunikationsstörungen handele, und fragt, ob beide Parteien sich nicht doch noch einigen wollen.

Wir, mein Rechtsanwalt und ich, wir wollen das. Aber die Gegenseite nicht.

Den Vertreter der Gegenseite, Justitiar Dr. S., sehe ich das erste Mal.

Er wird dann vom Richter um eine sachdienliche Auskunft bezüglich meiner inhaltlichen Arbeit gebeten und gefragt, ob er sich vom Wahrheitsgehalt der gegen mich vorgebrachten Anschuldigungen überzeugt habe. Dr. S. blättert fahrig in seinem Ordner, natürlich findet er nichts. Man merkt, er hat sich gar nicht vorbereitet, das Ganze wohl nicht ernst genommen.

»Wollen Sie nicht lieber doch noch einmal mit der Klägerin sprechen?« fragt da der Richter.

Da knallt Dr. S. wütend den Ordner auf den Tisch: »Mit so jemandem rede ich gar nicht.«

»Das war schlecht für die Kirche«, raunt mein Rechtsanwalt mir zu. »Er hat nicht begriffen, daß dieses Friedensangebot des Richters der Kirche eine Chance geben soll, nicht uns. Der fühlt sich ja ziemlich sicher. Der hat wohl noch nie einen Arbeitsprozeß geführt? Mit Arroganz allein kann man hier nicht gewinnen.«

Dann bietet Dr. S., der seine Wut nur mühsam bezähmt, drei Monatsgehälter an, wenn ich die Kündigung akzeptiere. »Das ist üblich bei Angestellten.«

»Nein, wir wollen Weiterbeschäftigung an derselben oder einer äquivalenten Stelle.«

»Solche exponierten und verantwortungsvollen Posten gibt es kaum.«

Mein Rechtsanwalt zu mir: »Merkst du den Widerspruch? Wenn es um die Abfindung geht, macht er dich zu einer kleinen Angestellten, geht es jedoch um inhaltliche Arbeit, zu einer Art Geschäftsführerin. Dem Richter entgeht so was nicht.« Dieser Bruch innerhalb der Argumentation zeigt auch die innere Widersprüchlichkeit, zumindest des kirchlichen Mittelbaus. Stimmen also meine Vermutung und die der weiblichen Theologen, daß wir für die Kirche doch nur ein Aushängeschild sind, um dem Argument zu begegnen, die katholische Kirche sei frauenfeindlich?

Hier im Gerichtssaal wirken die Ausführungen der Gegenseite lächerlich. Wie gut, daß es eine Öffentlichkeit gibt! Wäre ich alleine geblieben, und das hat man ja mit allen Mitteln probiert, hätte alles den Charakter einer mittelalterlichen Inquisition bekommen.

Es wird nicht geschlichtet. Noch einmal gibt es ein formales Verfahren, weil wir auch gegen die Abmahnung geklagt haben. Dann wird beschlossen, die beiden Verfahren voneinander abzukoppeln.

Nun kommt die Zeit des Wartens. Die Hauptverhandlung ist erst sechs Monate später, im März 1986. Bis dahin darf ich nichts tun, auf keinen Fall eine andere Arbeit annehmen, denn wir klagen ja auf Weiterbeschäftigung im Rahmen des Kündigungsschutzverfahrens.

»Fahr weg und erhol dich«, sagt der Jurist.

Das kann ich nicht. Die Dunkelheiten nehmen zu. Und da ist es egal, an welchem Platz der Erde ich mich aufhalte.

Arrivederci, Roma

Für Ende September ist eine Studienfahrt nach Rom angesetzt. Mit zehn Studenten und einem Priester, der alles hautnah miterlebt hat und sich auch als Zeuge für mich aufstellen läßt. Werden sie mich mitfahren lassen?

Die Erlaubnis kommt von »oben«. »Nehmen Sie es als Geschenk. Berufen Sie sich auf mich, wenn es Ärger gibt.«

Ich freue mich auf die kleine Atempause. An Rom habe ich viele schöne Erinnerungen.

Eine Studentin geht neben mir, sie könnte meine Tochter sein: »Vor fünfzehn Jahren war ich einmal hier sehr glücklich«, sage ich. »Mit einem Römer, ja, der sah ungefähr aus wie, wie, na, wie der da.« Ich zeige auf einen Mann, der ein paar Meter vor uns hergeht. Es ist voll auf diesem Platz, Hunderte von Menschen. »Und ungefähr hier haben wir uns kennengelernt.«

Da dreht dieser Mann sich um – nein, er ist es: Giulio Cesari! Wir starren uns an – dann sagt er die ersten Worte nach so vielen Jahren: »Mit dir ist wieder mal was nicht in Ordnung. Was ist passiert? Kannst du immer noch nicht auf dich selber aufpassen?«

Wie genau dieser Mann mich immer noch kennt! Das liebevolle Schimpfen tut mir gut. Immer hatten mir sein fast sizilianischer Familien- und Verantwortungssinn gutgetan.

Wir setzen uns auf ein paar Trümmer, nahe am Titusbogen. Wie oft haben wir hier gesessen! Wir erzählen. Die Studenten gehen kaum ein paar Schritte weg, die Stadt ist ihnen zu fremd. Ich erzähle alles, auch, daß ich seit heute arbeitslos bin – es ist der 1. Oktober.

Er sagt nur: »Rom ändert sich nie. Du mußt es anders

sehen: Es ist eher ein Wunder, daß du als Frau dort überhaupt etwas anderes warst als eine Büroarbeiterin oder um die Kirche zu putzen oder im Kirchenchor.«

Rom ändert sich nie. Und wenn sich die Kirche ändert? Ist dann Rom noch die Kirche?

Arrivederci, Roma, et ecclesia sancta?

Doppelter Abschied.

»Was willst du jetzt machen? Brauchst du Geld? Sag es mir, ehrlich, du weißt, ich bin immer für dich da.«

»Nach so vielen Jahren immer noch?«

»Ja. Rom ändert sich nie.«

Lachen.

Er hat selber wenig, aber ich weiß, für mich wird er etwas auftreiben.

Ich weiß nicht, ob ich Giulios Angebot annehmen soll. Wäre das nicht eigentlich *seine* Aufgabe?

Giulio zeigt mir noch ein gutes Restaurant für mich und meine Studenten. Die reagieren auf jeden seiner Speisekartenvorschläge muffig und mißtrauisch. Er redet englisch, sie tun, als verstünden sie ihn nicht. Da sagt er in perfektem Deutsch: »Hört auf Heide-Maries Vorschläge. Sie ist eine Römerin.« Und dann zu mir: »Störrische Kinder. Sei froh, daß du so was nicht mehr zu offenen und mündigen Menschen erziehen sollst. Morgen früh um 9.00 Uhr will ich wissen, wieviel Geld du brauchst.«

Am nächsten Morgen treffen wir uns, wo wir uns immer wiedertrafen, wenn wir uns verloren hatten: am Titusbogen.

»Laß das mit dem Geld«, sage ich.

»Ist jemand anders zuständig?« fragt er.

»Ich denke schon.«

»Liebt er dich?«

»Bis jetzt dachte ich es, aber nun läßt er mich allein. Er hat mir keine Hilfe angeboten.«

Da wird er sehr wütend. Und beschimpft diesen Mann, den er nicht kennt: »Charakter wird er nicht gerade haben.« Das tut mir weh.

Zu Hause bitte ich *ihn* um Geld – es ist ein schwerer Gang, sollte er das nicht von sich aus anbieten? Nach langem Zögern leiht er mir fünftausend Mark. Ein symbolischer Betrag. Zumindest muß ich mich jetzt nicht mehr für ihn schämen!

Arrivederci, Roma, wo die Römer nicht mehr glauben können, aber noch ihre Werte haben.

Der Prozeß

Nun ist es soweit. Der Prozeß beginnt. Es ist der 11. März 1986, wir sind im Arbeitsgericht München.

Meine Angst ist so stark, daß ich am ganzen Körper zittere. Nie zuvor hatte ich einen Gerichtssaal »live« von innen gesehen.

Wäre ich Lehrer, würde ich mit den Schülern solche Situationen per Rollenspiel durcharbeiten, zwecks Angstbewältigung. Ungefähr fünfzehn Studenten sind gekommen. Ich habe große Angst, den Gerichtssaal zu betreten, bitte sie, zuerst hineinzugehen. Sie antworten: »Nein, du mußt zuerst gehen. Wir sind nur dein Gefolge.«

An der Tür des Gerichtssaales steht:

Klägerin: Heide-Marie Emmermann

Beklagte: Erzbischöfliches Ordinaniat München

»Das klingt aber sehr nach Onan«, sagt jemand. Onan, eine Figur des Alten Testaments, Sohn des Juda, sollte nach israelitischem Gesetz die Witwe seines Bruders heiraten. Er weigerte sich jedoch, mit ihr Kinder zu zeugen, und ließ seinen Samen auf den Boden spritzen. Das Wort »Onan« steht heute für sexuelle Selbstbefriedigung.

Phantasievolle Interpretation eines Druckfehlers – feinzüngige Ironie, die mich das Ganze zumindest aus der Retrospektive heraus etwas lockerer betrachten läßt!

Pater G. ist natürlich auch da. Eigentlich hat er hier nichts zu suchen, denn das Ordinariat wird durch den Justitiar der Diözese, Dr. S., vertreten.

Mein Anwalt lacht: »Mal sehen, ob der sich blamiert.

Aber den kriegen wir schon raus, keine Sorge, du sollst dich nicht bedroht fühlen.«

Und schon geschieht's: Im Gerichtssaal – Saal kann man dazu eigentlich nicht sagen, dazu ist er zu klein – stehen zwei Tische und drei Stühle vor der Barriere, hinter der die Rechtsvertreter sitzen, die da sind: Schreiberin, Richter, je ein Beisitzer für die Arbeitgeber- und die Arbeitnehmerseite.

Mein Anwalt sagt: »Der linke Tisch ist unsrer, ich sitze links von dir. Der rechte Tisch ist der Tisch der Beklagten.«

Dort können sich Pater G. und Dr. S. nicht einigen. Pater G. will sich auch hinsetzen: »Hier gehöre ich hin, schließlich bin ich der Kläger«, sagt er. Er hat noch nicht einmal begriffen, daß er auf der Seite der BEKLAGTEN steht. Wie immer, wenn er irgend etwas mit mir zu tun hat, bekommt er einen hochroten Kopf. Er wird belehrt: »Dies ist der Platz des Beklagtenvertreters.«

Ich atme auf, wir haben das Jahr 1986! Eine Wiederholung der Hexenprozesse ist nicht möglich!

Seine Hände zittern, ich kenne ihn gut. Normalerweise hätte er sich jetzt eine Zigarette angezündet, aber im Gerichtssaal herrscht Rauchverbot. Er hat sich gründlich blamiert und setzt sich in die letzte Reihe zu den Studenten.

Mein Anwalt grinst: »Hab ich's nicht gesagt? Das macht einen ganz schön schlechten Eindruck, paßt aber ins Bild. Den krieg ich noch ganz aus dem Raum. Paß auf.«

Ich zittere etwas: »Das fängt ja gut an. Sei ehrlich, wie sind unsere Chancen?«

»Das Recht ist eindeutig auf unserer Seite. Aber man kann nie wissen. Nach zehn Minuten Verhandlung kann ich dir den Ausgang genau sagen, von der Atmosphäre, der Art der Fragestellung her und so weiter.«

Dann stehen wir alle auf und werden kollektiv belehrt.

» . . . so wahr mir Gott helfe.« In Gedanken bekreuzige ich mich und schicke ein Stoßgebet hinauf: »Herrgott, was immer hierbei herauskommt, hilf mir, das Urteil dann anzunehmen. Ich lege alles in Deine Hände.«

Wir nehmen Platz. Direkt vor mir, keine drei Meter entfernt, sitzt der Beisitzer der Arbeitgeberseite. Wir betrachten uns aufmerksam. Er ist konservativ gekleidet, dunkle Haare, braune Augen, ein bißchen italienisch. Freund oder Feind? denke ich. Als sich unsere Augen begegnen, bemühe ich mich, weder Trotz noch Mitleidsheischerei in meinen Blick zu legen, sondern ihn ruhig anzusehen, wie in einer Meditation. Auch sein Blick verrät nichts, nur ruhige Aufmerksamkeit.

Der Beisitzer der Arbeitnehmerseite ist ein Jüngelchen in Jeans, der kapiert sicher nicht, daß es sich hier um einen Psychokrieg handelt! Er sagt auch kein einziges Wort während der ganzen Verhandlung. Der Richter? Mein Anwalt sagt: »Haben wir ein Glück. Der sieht zwar aus wie ein unscheinbarer Landpfarrer, aber er ist ein gründlicher Mann. Der hat sich sicher sehr gut vorbereitet. Wenn der S. sich jetzt genauso arrogant verhält wie im Schlichtungsverfahren, dann unterschätzt er den Richter, und er wird sich wundern. Er scheint ihn nicht zu kennen.« Dann sagt er laut: »Ich möchte das Gericht darauf aufmerksam machen, daß sich unter den Zuhörern auch Zeugen befinden. Sollte es in einem eventuell weiteren Rechtsstreit zu Zeugenvernehmungen kommen, wird sich das als Schwierigkeit erweisen.«

Der Richter bedankt sich und sagt: »Ich bitte eventuell hier anwesende Zeugen, den Raum zu verlassen. Ich bitte die beisitzenden Richter, ohne Ansehen der Person die Zeugen den Raum verlassen zu lassen.«

Die Richter sehen seitlich vor sich hin, drei Leute verlassen den Raum, unter ihnen Pater G.!

Der Richter ist wohltuend sachlich. Punkt für Punkt meiner »Vergehen«, die zur Kündigung führten, wird aufgezählt: Am 20.5. fünf Minuten zu spät zum Dienst erschienen. Das stimmt, ich hatte meinen Büroschlüssel vergessen, mußte noch einmal nach Hause, rief einen Kollegen an und sagte, daß ich später käme. Am 5.7.

unentschuldigt der Arbeit ferngeblieben. Das stimmt nicht. Das war der Montag nach dem Seminar. Ich war krank. Das Gutachten des Arztes tut Herr Dr. S. als »Gefälligkeitsgutachten« ab. So geht es weiter. Beim Durcharbeiten der einzelnen Punkte fährt Dr. S. immer wieder dazwischen, bringt kein einziges sachliches Argument auf den Tisch. Ich bin empört. Hat der Mann sich überhaupt mit der Sache beschäftigt? Er fuhrwerkt immer nur wild in seinem Ordner herum, findet nie Antworten.

Als der Richter ihn fragt, ob die Stundenauflistung stimme, bejaht er. Damit ist er in eine Falle geraten. Der Richter: »Ich möchte hier nur bemerken, daß mehr als zehn Stunden Arbeit täglich nicht zulässig sind, aber das wäre wohl in einem anderen Verfahren zu klären.«

Nun wird Dr. S. wild, bezweifelt die Zuständigkeit des Arbeitsgerichtes, hier sei das Kirchenrecht zuständig. Also auch er: Rückfall in die Zeit mittelalterlicher Alleinherrschaftsstrukturen? Wollen sie unbedingt einen Hexenprozeß?

Wieder schleicht in mir die große Angst auf wie ein Tier, das mir die Kehle zudrückt, mir den Atem nimmt. Wie kann ich, eine einzelne schwache Frau, diese Ungeheuerlichkeit begehen und die katholische Kirche vor den Kadi zitieren? Aber immer wieder, wenn der Richter spricht und ich meine Angst verliere, denke ich: »Wie wohltuend einfach und sachlich das hier alles ist. Hätte ich meine Arbeit als Frau in der katholischen Kirche nur halb so sachlich ausführen können, wie einfach wäre es dann gewesen...«

Der Richter versucht zu schlichten. Dr. S. wird immer emotionaler, und als er dann noch einmal die Zuständigkeit des Arbeitsgerichtes bezweifelt und meint, hier sei das Kirchenrecht zuständig, grinst mein Rechtsanwalt mich an: »Alles gelaufen. Für uns.«

Schließlich sagt der Richter: »Ich sehe, wir brauchen über die Kleinigkeiten nicht zu sprechen, die offenbar zur Kündigung führten. Um die geht es wohl auch gar nicht. Hier handelt es sich um verschiedene Auffassungen davon, was unter dem Begriff Arbeitsplatz zu verstehen ist. Wir müssen offenbar grundsätzlich sprechen.«

So einfach ist das. Wie wohltuend. Warum hat das keiner »da oben« gesehen? Waren sie selber persönlich derart verwickelt? Hier wird ins Wespennest gestochen. Immer wieder hatten sie mir klarzumachen versucht, daß der grundsätzliche Unterschied zwischen Priestern, die die gleiche Ausbildung und das gleiche Berufsbild haben wie ich, und mir darin besteht, daß ich eine Frau sei. Als Frau aber solle ich mir nicht einbilden, was Besseres zu sein als die anderen Frauen im kirchlichen Dienst, die den ganzen Tag am Schreibtisch säßen.

Nach einigem weiteren Hin und Her fragt der Richter die Beisitzer, ob sie noch etwas sagen wollen.

Der Vertreter der Arbeitgeberseite meldet sich zu Wort. Er richtet sein Wort an Dr. S., also an den, auf dessen Seite er eigentlich steht: »Dr. S., eine Frage. Heißt das Ganze, wenn sich die Klägerin, Frau Emmermann, nicht am Schreibtisch befand, daß sie dann nicht gearbeitet hat?«

Ich warte voll Spannung die Antwort ab, denn genau das ist die Schlüsselfrage des Ganzen.

Dr. S. schnellt fast in die Höhe, ruft, schreit fast: »Ja! Ja!«

Die Studenten in den hinteren Reihen antworten mit Gebrüll und Gelächter.

»Das war atmosphärisch gut«, meint später mein Rechtsanwalt zu mir, »wenn auch für die Rechtsprechung nicht ausschlaggebend.«

Aber mit diesem »Ja« hat Dr. S., ohne es zu wissen, die ganze große Kündigungsgeschichte der Kirche hier in aller Öffentlichkeit zu dem gemacht, was sie von Anfang an war:

EINE EINZIGE KARIKATUR.

Einen Tag nach der Verhandlung bekomme ich einen Anruf von der Sekretärin der Studentengemeinde. Sie ist voller Mitgefühl: »Du Arme, dich haben sie wohl ganz schön hergenommen. Und verloren hast du auch noch?!«

»Wie bitte?«

»Ja, Pater G. kam zum Kaffeetrinken, er hat alles erzählt.«

»Der war doch gar nicht dabei, er mußte doch rausgehen.«

»Das kann nicht sein, er hat doch hier alles erzählt!«

Das Urteil

Zwei Tage später fahre ich nach Kaiserswerth. Dort will ich eine Grundausbildung für Krankenhausseelsorge machen. Die Kirche kann mich zwar rausschmeißen, aber sie kann mir weder Ausbildungen verbieten noch mir absprechen, mich weiterhin als Theologin zu fühlen. Und meinen Glauben kann sie mir auch nicht nehmen.

Das Urteil war nicht sofort verkündet worden, mein Anwalt läßt es sich telefonisch durchsagen. Als er mich dann anruft, sagt er: »Was willst du zuerst hören, die weniger gute oder die gute Nachricht?«

O Schreck! »Zuerst die weniger gute.«

»Das Abmahnungsverfahren hat sich noch nicht erledigt.«

»Ach, was bedeutet das schon.«

»Das bedeutet, eine saubere Personalakte zu haben. Die andere Nachricht: Unserer Klage ist in allen Punkten stattgegeben worden.«

Jetzt ist es ausgesprochen! Niemand kann sich ausmalen, was jetzt in mir vorgeht! Zuerst wird mir schlecht, und ich muß mich übergeben. Dann schießen mir Freudentränen in die Augen.

Nach der Entspannung, die die Urteilsverkündung auch körperlich für mich bedeutet, begegnen mir endlich wieder freundliche Gesichter. Die Obstverkäuferin und der Schalterbeamte bei der Post lächeln mich an, und selbst die Krankenschwestern auf der Station, der ich für die Seelsorge zugeteilt bin und die bisher nicht kooperierten, lassen sich zum Sekt einladen. Die Schwester, die mich am meisten bekämpft und Seelsorge am Krankenbett ausdrücklich lediglich als Behinderung bei der eigenen Arbeit bezeichnet hat, sagt plötzlich: »Wer einmal gewinnt, gewinnt immer.«

Auch diese Erfahrung ist eine schmerzhafte. Die Gesellschaft ist stets auf seiten derer, die gewinnen!

Das Urteil ist den Parteien noch nicht zugestellt. Mein Rechtsanwalt bittet um meine Weiterbeschäftigung und um Weiterzahlung meines Gehaltes. Beides wird abgelehnt. Dennoch rät er mir, stets erreichbar zu sein für den Fall, daß die Kirche ganz plötzlich doch meine Arbeitskraft anfordert. Dieser Zustand, in dem ich mich wie ständig unter Strom stehend empfinde, dauert bis zur Urteilszustellung. Und bis dahin vergehen noch weitere sechs Monate.

In dem Urteil wird festgestellt, daß das Arbeitsverhältnis der Klägerin weder durch die Kündigung der Beklagten vom 27.6.1985 noch durch die Kündigung der Beklagten vom 2.8.1985 aufgelöst worden ist, sondern über den 30.9.1985 hinaus fortbesteht.

Und daß die Beklagte verurteilt wird, die Klägerin gemäß dem Arbeitsvertrag vom 1.12.1980 weiterzubeschäftigen.

Dann wird auf sieben Seiten der Tatbestand ausgeführt, auf neun weiteren werden die Entscheidungsgründe dargelegt.

Zu den Gründen, die zur Kündigung geführt hatten, wird mehrere Male auf das Moment der Verhältnismäßigkeit hingewiesen.

»Diese zum Anlaß der Kündigung genommenen Beanstandungen erscheinen überdies – sowohl jede für sich allein genommen wie auch alle in ihrer Gesamtheit betrachtet – von so geringem Gewicht, daß sie einen ›ruhig und verständig urteilenden Arbeitgeber‹ keinesfalls zum Ausspruch einer Kündigung veranlassen würden.

Verstößt die Kündigung damit aber bereits gegen die Rechtsvorschrift des § 1 KSchG, so kann offenbleiben, ob sie eventuell auch aus anderen Rechtsgründen unwirksam ist.«

Und weiter: »Auch die außerordentliche Kündigung der Beklagten ist rechtsunwirksam, da es an einem wichtigen Grund i. S. des §626 BGB fehlt.«

Und zum Schluß wird festgestellt: »Ist das Arbeitsverhältnis der Klägerin aber nicht zum 30.9.1985 aufgelöst worden, so hat die Klägerin einen Anspruch auf Weiterbeschäftigung im weiterbestehenden Arbeitsverhältnis. Dieser Beschäftigungsanspruch im Fall des Obsiegens im erstinstanzlichen Kündigungsschutzverfahren ist spätestens seit der Entscheidung des Großen Senats des Bundesarbeitsgerichts allgemein anerkannt.«

Und nun erzähl mir noch jemand, daß diese Kündigung ein Makel für MICH gewesen sei!

Er hat in dieser Zeit nicht viele gute Worte für mich, schimpft auf die Kirche und fragt, wo denn diejenigen seien, auf die ich so gezählt hätte. Und immer wieder: »Wie kann man auch heute noch Theologie studieren?« Ich kann nichts dagegen sagen, weine nur. Ich bitte ihn immer wieder, mich einmal aus meiner Dunkelheit herauszuführen. Er hat keine Zeit, sagt er. Daß er aber mit einer anderen zum Skilaufen geht, das entgeht mir nicht. Auch die Worte vom Juni, als ich nicht nach Athen kommen sollte, damit er keinen privaten Ärger bekäme, brennen noch. Das einzige, was immer noch funktioniert, ist die Umarmung. Ich bin ein einziges Problembündel, nur in Momenten der Leidenschaft frei davon, und diese Momente nimmt er sich. Er nimmt sie sich, und er gibt sie mir gleichzeitig.

Als ich das Wort Verantwortung erwähne, lacht er mich aus: »Ich hab für niemanden Verantwortung. Davon hab ich beruflich schon genug. Das habt ihr nun von eurer Emanzipation.« Ich verstehe ihn nicht. Nie wieder spreche ich das Wort Verantwortung aus.

Nun geht es um die Weiterbeschäftigung. Dr. S. meint, das Vertrauensverhältnis sei zerstört, eine Weiterbeschäftigung nicht zumutbar. Wessen Vertrauen ist zerstört?

Meines natürlich. Pater G., Mittelbau, ist dabei nicht so wichtig als Person. Wichtig ist der Oberbau, sind der Domdekan und der Generalvikar. Wie konnten die einwilligen in eine Tat, die später ganz klar als »nicht ruhig« und »nicht verständig« und vor allem auch als »Verletzung der Fürsorgepflicht« offenkundig wird?

Es gibt Dinge, bei aller Toleranz menschlichem Versagen gegenüber, die ich nicht verzeihen kann.

Ich komme mir vor wie jemand, der unter einer doppelten Gerichtsbarkeit lebt, der theologischen und der kirchenrechtlichen. Und ich habe das Gefühl, die Kirche will sich zusätzlich noch die arbeitsrechtliche zu eigen machen.

Unter kirchenrechtliche Gerichtsbarkeit im Sinne des Tendenzbetriebes wäre ich nur gefallen, wenn ich theologisch inhaltlich falsche Aussagen gemacht hätte. Ich hatte das gewußt, spätestens, als man fragte, ob ich noch katholisch sei. Theologisch habe ich nie etwas Falsches gesagt. Da konnte man mir nichts anhaben.

Statt einer Entschuldigung, auf die ich trotz des arrogant-trotzig-dümmlichen Schriftwechsels hoffte, kommt ein indirektes Angebot. Der Domdekan, selbst schwer erkrankt, läßt mir ausrichten, sich für mich in einer anderen Diözese verwenden zu wollen, verbunden mit der Warnung, ich solle in München nichts annehmen, man würde mich dort sicher an einen Platz setzen, der meinen Fähigkeiten nicht entspräche.

Offiziell heißt es, es gibt keine Stelle. Keine gleichwertige. Und schon wieder: keine gleich wertige Stelle?

Schätzt man meine Fähigkeiten so hoch ein? Ich dachte immer, die Kirche sucht gute Leute. Gut, worin? Im Lügen? Dann ist es ja eine Ehre für mich, nicht dort zu arbeiten.

Ich lasse erwidern, ich wolle Krankenhausseelsorge machen. Da bekomme ich die Antwort, das solle ich doch lassen, das wäre auf die Dauer nichts für mich, da würden meine Fähigkeiten brachliegen.

Wenigstens das.

Die Antwort überrascht mich, denn ich weiß, daß sie der Wahrheit entspricht. Krankenhausseelsorge wird von den meisten Priestern als Strafversetzung empfunden: Die Ärzte und das Pflegepersonal akzeptieren einen nicht, die Patienten wollen einen nicht. Eine ständige Anbiederei. Demütigend. Dennoch will ich mich von Allgemeinurteilen nicht abschrecken lassen und suche einen Priester in einem Münchener Krankenhaus auf. Er bestätigt alles. Er hat sogar, noch mit Anfang Fünfzig, ein Medizinstudium begonnen, nur um von Ärzten und Pflegepersonal nicht allzu dumm angeredet zu werden. »Mit diesen Problemen muß man ganz allein fertig werden, von der Diözese kommt keinerlei Hilfe«, sagt der Priester.

In diese Hackordnung werde ich mich nicht einreihen.

Was wäre als Arbeit in der Kirche langfristig richtig für mich und würde in Frage kommen? Eigentlich nur zwei Sachen: das Frauenreferat oder die Katholische Akademie. Letzteres hätte mir am meisten entsprochen. Ich bin dort oft gewesen, kenne auch die internen Probleme, Studenten von mir sind auf halber Stelle als Referenten dort. Aber das wäre ein Politikum, und das kann die Kirche sich nicht leisten.

Offiziell heißt es, wenn ich auf Weiterbeschäftigung bestehe, wolle man in die 2. Instanz wegen Unzumutbarkeit.

Unzumutbar für wen?

Ist die Kirche – noch immer – unzumutbar für Frauen?

Sag mir, wo die Frauen sind

Früher: Die Kirche hat die Macht. Sie wird von Männern getragen. Frauen an einflußreicher Stelle gibt es nicht, oder sie werden eliminiert. Nur ganz wenige, meist Ordensfrauen, entgehen dem »Märtyrertod«.

Geht es um Macht, ist die Reinheit der Lehre verloren. Macht ist das Arsen in den Strukturen.

Dann: Seit Frauen studieren, sollen sie hin und wieder eine Stelle in der Kirche bekommen. Doch noch immer ist die Kirche für sie unzumutbar.

Denn solange der Zölibat noch mit dem Priesteramt gekoppelt ist, also Zwang, so lange werden wirkliche Frauen »zu gefährlich« sein und als Projektionsfläche für nicht bewältigte Probleme herhalten müssen. Hier wird an der Überlieferung festgehalten, von der schon Jesus sagt: »Ihr Heuchler! Sehr richtig hat Jesaja über euch geweissagt:

Dieses Volk ehrt mich mit den Lippen, sein Herz aber ist weit weg von mir. Es ist sinnlos, wie sie mich verehren, was sie lehren, sind Satzungen von Menschen.« (Mt 15, 7–9)

Geht es um Macht, ist die Reinheit der Lehre verloren. Macht ist das Arsen in den Strukturen.

Nicht den Männern gleich, sondern als Frauen wollen wir in der Kirche arbeiten, damit sich erfüllen kann, was Christus gesagt hat: »Nicht das Gesetz abzuschaffen, sondern es zu erfüllen, bin ich gekommen.« (Mt 5,17)

Es ist Zeit. Aber wird die Kirche fähig sein, die Zeichen der Zeit zu deuten? Oder wird sie weiter für die Frauen unzumutbar bleiben.

Die ernsthafte Befürchtung vieler ernsthafter Beobachter ist die, daß es zu einem »lautlosen Auszug der Frauen aus der Kirche kommen wird«. Aber ist es dann nicht zu spät für die Kirche Roms?

Wenn das Gefüge umkippt, wird die Kirche zum Entwicklungsland. Aber, was soll's, der Geist weht, wo er will. Und der Herr erntet, wo er nicht gesät hat.

Eine NOVA ECCLESIA wird wohl keine Institution mehr sein. Sondern ein geistiger Raum.

Denn: »Wo zwei oder drei in meinem Namen ver-

sammelt sind, da bin ich mitten unter ihnen.« (Mt 18, 20)
Und: Geht es um Macht, ist die Reinheit der Lehre verloren.

Die Abfindung

Das sechswöchige Feilschen und Handeln um die Höhe der Abfindung empfinde ich nur noch als demütigend. Ich komme mir vor wie auf dem Sklavenmarkt: Was bin ich der katholischen Kirche wert; wert, um mich loszuwerden.

Hat man jemals für Leibeigene – und wie eine solche fühle ich mich be- und gehandelt – etwas bezahlt, damit sie sich entlassen lassen? Es ist wie auf dem Beduinenmarkt. Die Kirche bietet fünfzigtausend Mark, wir fordern hundertfünfzigtausend. Wird sich auf der handelsüblichen Mitte geeinigt?

Mein Anwalt entwickelt eine einfache Strategie.

Da die Kirche in dem ganzen Streit bisher statt mit Sachargumenten nur mit Autorität aufgetreten ist, will er sie an dieser ihrer Achillesferse packen. Denn Arroganz macht ja meist auch blind für den anderen.

Er lädt die Vertreter der Kirche ein zu einem Gespräch in seine sehr schön altenglisch eingerichtete Kanzlei. Das wird sie verunsichern, denn mir hat man höchstens einen Alternativ-Anwalt zugetraut. Hier in der Anwaltssozietät, der auch ein Anwalt mit einem berühmten Namen, dem des Justizministers, angehört, wird man sich hüten, ausfallend zu werden. Ich soll nicht dabeisein, damit keine atmosphärischen Störungen möglich sind.

Wir rechnen auf die Neugierde der Gegenseite und auf die maßlose Selbstüberschätzung, die bisher ja schon dazu führte, daß Gespräche nicht richtig vorbereitet wurden.

Wir behalten recht.

Wenn wir Kosten- und Steuerbeteiligungen dazurechnen, haben wir – fast – den von uns geforderten Betrag erhandelt!

Nun geht's ans Zahlen. Da schießt die Kirche noch einmal aus dem Hinterhalt.

Jetzt bin ich fast soweit, daß ich, nur um endlich meine Ruhe zu haben, auf alles verzichten würde.

»Genau das wollen sie. Das kommt gar nicht in Frage, wir haben doch den Kampf zu neunzig Prozent gewonnen! Wir kämpfen bis zum Schluß. Nun übernehme ich, mir macht dieser Kampf Spaß«, so der Rechtsanwalt.

Im neuen Jahr – es ist mittlerweile Januar 1987 – werden die Verhandlungen wiederaufgenommen. Der Ton wird nun sachlicher, ruhiger.

Der Kirche erscheint im nachhinein die Abfindungssumme zu hoch. Bisher sind nur etwa zwei Drittel der ausgemachten Summe bezahlt worden.

Also klagen wir noch einmal.

Im Arbeitsamt, wo ich mich um eine neue Stelle bemühe, sagen sie: »So fertig, wie Sie aussehen, nimmt Sie niemand. Sie sind überhaupt nicht vermittelbar.«

Am 23. März 1987 haben wir einen Verhandlungstermin. Nun ist schon mehr als ein volles Jahr vergangen seit der Hauptverhandlung.

Die Gegenseite erscheint nicht.

Es ergeht ein Versäumnisurteil gegen die Kirche über den noch ausstehenden Betrag plus Zinsen.

Am 30. März kommt die Restzahlung.

Mit der nun eintretenden Entspannung falle ich in ein großes und tiefes Erschöpfungsloch.

Um dem Ganzen die Krone aufzusetzen, bekomme ich erst ein Jahr später mein Zeugnis, und erst als ich darum gebeten habe. Das Feindbild scheint überwunden, aber aus der Distanz läßt sich leicht freundlich sein:

»... Frau Emmermann war ständig bemüht, das Erlebnismoment in der Theologie herauszuarbeiten. In ihrer Tätigkeit ging sie gerade von dem individuell alltäglichen

Leben der Theologiestudenten aus. Sie stand und steht bei vielen Studenten für eine beherzte, persönliche und in diesem Sinne radikale Auseinandersetzung mit theologischen Inhalten...

Mit Engagement und teilweise auch ungewöhnlichem persönlichem Einsatz stellte sich Frau Emmermann auf die Probleme der Ratsuchenden ein. Durch ihre persönliche Geschichte bedingt, ist sie in der Lage, mit Menschen aller sozialen Schichten und verschiedenster Denkweisen in Dialog zu treten...

Wir danken ihr für die Mitarbeit in der Katholischen Hochschulgemeinde und wünschen ihr für den weiteren Lebensweg Erfolg und Gottes Segen.«

Ich bin, trotz allem, froh über diese uneingeschränkte Anerkennung. Die Rechnungen sind hiermit beglichen. Den Rest muß ich selbst bewältigen.

6

Theologin ohne Kirche

Identitätskrise: Kein Heil außerhalb der Kirche?

Jetzt muß ich mich also nach einer anderen Arbeitsstelle umsehen. In den kirchlichen Dienst kann und will ich nicht mehr. Ich schreibe an verschiedene Institute wegen eines Aufbaustudiums, sind deren Unterlagen dann jedoch da, rutsche ich jeweils ab, auf die dunkle Seite der Seele. Dann schlafe ich tagelang, wasche mich nicht, esse nicht, dämmere vor mich hin. Sprache tagelang mit niemandem ein Wort. Es scheint, als habe ich einfach noch keine Entscheidungskraft!

Abwechslung und damit Ablenkung gestatte ich mir nicht. Ich will mich auch gar nicht ablenken, ich weiß, ich wäre überall nur Spielverderber. Ich will sie durchleben, meine Tiefen, meine Dunkelheiten. Denn ich weiß ja: Am anderen Ende des Hades ist das Licht. Zuerst hab ich vor ihnen Angst, dann werden sie mir lieb, meine Dunkelheiten, sind wie ein Schutzschild gegen das »Draußen«.

Noch gehe ich zweimal wöchentlich zur Analyse, da kann ich wenigstens sprechen.

Immer und immer wieder: »War alles umsonst bis jetzt?«

Immer und immer wieder: »Was ist der Sinn – warum das alles? Gibt es überhaupt einen Sinn?«

Aufbäumen, Klagen, dann – Sprachlosigkeit.

Immer und immer wieder.

Viele Menschen denken, wer an Gott glaubt, hat es leichter. Weit gefehlt.

Der Unterschied besteht vielleicht in dem Wissen, daß es aufhören wird, irgendwann.

Auch Christus ist nach den drei symbolischen Tagen auferstanden. Wie lange werden meine drei Tage dauern?

Meine Mutter sagte immer: »Warum hast du dir bloß so einen schweren Weg gewählt? Es gibt doch sicher was Leichteres.«

Aber haben wir denn eine Wahl? Ich glaube nicht. Die Wahlfreiheit besteht einzig und allein darin, die Bestimmung anzunehmen. Das Nein heißt: Verlängerung eines unbestimmten und undefinierbaren Zustandes, von dem es in der Offenbarung heißt: »Ich kenne dein Tun. Du bist weder kalt noch heiß! Wärest du doch kalt oder heiß! Weil du aber lau bist, weder heiß noch kalt, will ich dich ausspeien aus meinem Mund.« (Offb 3, 15–16)

»Herr, mein Gott, wo war ich denn lau? Warum wirfst du mich weg?«

Keine Antwort.

»Aber es ist doch deine Kirche, Herr, aus der du mich hinauswirfst.«

Keine Antwort.

»Bedeute ich dir denn gar nichts, daß du mich so wegschmeißt?«

Keine Antwort.

»Warum läßt du mich so schrecklich allein?«

Keine Antwort.

»Hab ich denn soviel falsch gemacht?«

Keine Antwort.

Gibt es kein Heil außerhalb der Kirche?

Nach dem Zweifeln und Klagen kommt die Zeit der Sprachlosigkeit. Dumpf ist alles. Dumpf.

Der Spiegel ist zerbrochen. Die Seele, einst ruhig und klar wie ein See, tobt aufgewühlt.

Was ich versuche, ist, in diesem Chaos aufzuräumen.

Ich klebe Fotos in ein Album, die ich zwanzig Jahre lang im Schuhkarton aufgehoben habe. Fast jedes bedeutet eine Geschichte.

Ich lese alte Briefe, hefte sie ab.

Ich ändere uralte Kleider.

In fünfundzwanzig Jahren bin ich achtzehnmal umgezogen, meine Wohnung spiegelt dieses Vagabundenleben wider. Ich räume auf, stelle um, ergänze, verschenke.

Dann wieder kommen die Schlafphasen. Das Dumpfe. Das Vor-mich-hin-Dämmern.

Ich nehme keine Psychopharmaka, keinen Alkohol.

Gehe ich in die Stadt in ein Kaufhaus, rutscht mir plötzlich der Boden unter den Füßen weg. Und dann erkenne ich die Menschen vor mir nicht mehr, die Gesichter verschwimmen. Nur nach Hause, nur ins Bett, Wärme, Dunkel, mein Schutzschild. Das einzige, was ich noch tue, ist, *ihm* viel zu schreiben. Alles klage ich an, vor allem ihn, weil er sich nicht um mich kümmert. Liest er das alles überhaupt?

Er ruft an und sagt: »Wenn du nun nicht endlich aufhörst, solche blöden Briefe zu schreiben, dann haue ich dir auf deine rechte Hand, damit du nicht mehr schreiben kannst.«

Welch ein Trost! Ich schreibe weiter, schicke die Briefe aber nicht mehr ab.

Rufe ich ihn an, wirft er wütend den Hörer auf. Würde er doch nur ein einziges Mal mit mir wegfahren, hinaus aus diesem Dunkel! Die einzige Antwort, die ich immer wieder bekomme, heißt: »Du kannst nicht warten.«

Aber wenn ich ihn je gebraucht habe, so ist das jetzt, nicht in drei Jahren! Von vagen Versprechungen kann ich nicht leben! Einmal lädt er mich zum Essen ein, an meinem Geburtstag. Da hört er auf einem Ohr nichts. Dieses Phänomen hält eine Weile an.

Er kann nichts hören. Er kann nichts verstehen.

Hätte er doch die Fähigkeit zu sagen, daß ihm alles mit mir zuviel ist! Könnte er doch einmal zugeben, daß er jetzt mit mir überfordert ist! Alles hätte einen anderen Ton bekommen. Aber wer auf dem Podest sitzt, kann das natürlich nicht.

Kommt er für eine Nacht, alle vier bis sechs Wochen donnerstags – da ist er sowieso in München –, legt er jetzt immer einen Blauen hin, von meinen Geldsorgen weiß er ja. Da frage ich eines Morgens: »Bezahlst du mich jetzt schon?«

»Das dachte ich auch grad«, sagt er da.

Nie wieder sehe ich einen Pfennig – gibt es nicht andere Möglichkeiten finanziellen Beistands?

Der einzige Mensch, der mir konkret hilft, ist meine Mutter. Soweit es ihre Rente zuläßt, beteiligt sie sich an der Miete. Es beschämt mich, aber ich habe keine Wahl. Aus der Regenbogenpresse schneidet sie mir Artikel über Menschen aus, die Schlimmes erlebt haben und nach Jahren ein »Comeback« hatten. »Irgendwo wartet etwas auf dich, mein Kind, du wirst es sehen. Der Herrgott läßt niemanden im Stich«, sagt sie.

Warum bin ich so allein?

Gott antwortet mir nicht.

Emanzipatorisches

»Das habt ihr nun von eurer Emanzipation«, hatte *er* gesagt und damit das Thema »Verantwortung für den anderen« erledigt. Ich liebe ihn trotzdem, versuche, ihn zu verstehen, mehr noch, ihn zu erkennen. Denn nur wirkliche Erkenntnis hat mit Liebe zu tun.

»Es gibt keine Liebe«, hatte er gesagt, als ich ihn kennenlernte. »Liebe, Treue, was ist das schon. Ich brauche niemanden, und wenn ich jemanden brauche, dann hole ich mir jemanden.«

Ich kämpfe für die Liebe. Ist der Kampf von vornherein zum Scheitern verurteilt? »Du siehst doch, jede dritte Ehe in Deutschland ist geschieden. Es gibt nur Negatives in der Liebe.«

»Man kann das Negative aber wegliehen«, sage ich da. Da lacht er mich aus. Er begreift die Tiefe dieses Satzes nicht, er nimmt sich auch nie Zeit, einmal in Ruhe mit mir über alles zu sprechen. Zeit nimmt er sich nur für seine Mutter. Da ist er zu allen kirchlichen Feiertagen und auch sonst sehr oft. Ich lerne sie leider nie kennen. Eines Tages rufe ich sie einfach an. Nur ihre Stimme möchte ich hören, sage einige Worte der Entschuldigung und daß ich mich in der Nummer verwählt hätte. Sie hat eine sehr warme, wohlklingende Stimme.

Warum hilft er mir nicht in dieser Krisenzeit? Weder, indem er mir Arbeit gibt, noch Brot, noch Geld. Oder irgend etwas tut zur Erholung der Seele, mir Nähe schenkt ohne Worte beim Spazierengehen? Ich erkläre es mir daraus, wie er mit sich selbst umgeht. Unmenschlich hart ist er gegen sich selber, fordert das letzte von sich im Beruf. Ein typischer Vertreter preußischer Ethik und damit Pflichterfüllung. Er ist einer der Besten in seinem Fach, was dazu führt, daß er überall gefragt ist. Und das wiederum bringt ihm neue Aufgaben. Ein teuflischer Kreis, aus dem er nicht herauskommt.

»Du sollst deinen Nächsten lieben wie dich selbst«, steht im Alten und Neuen Testament. Aber kann man denn mit dem Nächsten anders umgehen als mit sich selbst, ihn anders lieben als sich selbst? Vielleicht ist es so herum gesehen sogar eine Form von Nähe, daß er das, was er von sich selber fordert, auf mich überträgt und auch mir abfordert. Meine seelischen Zusammenbrüche akzeptiert er nicht, wie er es auch bei sich nicht täte. »Ach, Seele, Seele«, sagt er einmal, »funktionieren muß der Mensch.« Er funktioniert wirklich gut.

Hätte Jesus sich nicht selbst geliebt, hätte er niemals so liebevoll mit anderen Menschen umgehen können, selbst noch am Kreuze hat er verziehen.

Gibt es keinen Ausweg aus diesem teuflischen Kreis? Wirklich keinen Ausweg?

Die Ämter, ein makabres Theater

Im Arbeitsamt bekommt man eine Nummer – dann darf man in einen Raum. Der ist ziemlich groß und faßt hundertsechzig bis zweihundert Menschen. Ausgestattet ist er mit ungefähr sechs Stuhlreihen, hintereinander angeordnet, alle mit gleicher Blickrichtung: Auf die Bühne. Auf dieser Bühne sind vier verschlossene Türen mit aufgemalten Buchstaben. Durch Lautsprecher kommt ab und zu ein Aufruf: »257 nach B, 798 nach C.«

Die auf den Stühlen sitzen, gehören zu denen, die

irgendwann aufgerufen werden, auf die Bühne zu gehen, eine der Türen zu öffnen, dahinter zu verschwinden. Wie zur Exekution. Dahinter lauert Schicksal.

Die auf den Stühlen sitzen, sprechen nicht. Kein Wort. Die Deutschen sprechen jedenfalls nicht. Gesprochen wird nur türkisch, jugoslawisch, in Gruppen, Kinder schreien.

Die auf den Stühlen sitzen, sitzen da von acht bis zwölf, starren auf die Bühne, stundenlang.

Die auf den Stühlen sitzen, haben verschlossene Gesichter. Schaue ich näher hin, senken sie den Blick.

Die auf den Stühlen sitzen, sind die, von denen man sagt: »Wer arbeiten will, der findet schon Arbeit.«

Ich gehöre auch dazu.

Hinter der Tür: Abgeben des Formulars, Ausweiskontrolle, Stempel, für Fragen keine Zeit, der Nächste, bitte!

Dann, endlich, ein neues Arbeitsamt.

Bei der Rubrizierung gehören Theologen nicht mehr zu den Juristen wie bisher, sondern zu den Medizinern. »Da gehören sie auch hin«, sagt *er*.

Ein wichtiger Bewußtseinssprung im Verständnis der öffentlichen Hand, der verstanden werden will: Theologe nicht mehr dem Gesetz zugeordnet, sondern dem Heilen, gemäß Johannes 12, 44, 46f. »Jesus aber rief mit lauter Stimme: Wer an mich glaubt, glaubt nicht an mich, sondern an den, der mich gesandt hat; ich bin als Licht in die Welt gekommen, damit keiner, der an mich glaubt, in der Finsternis bleibt. Wer meine Worte hört und nicht bewahrt, den richte nicht ich; denn ich bin nicht gekommen, um die Welt zu richten, sondern um sie zu retten.«

Hier ist man ratlos mit mir. Weiterbilden? Umschulen? Nach vielen Gesprächen und Tests heißt es: »Mit Ihren vielen Erfahrungen werden Sie nie mehr Zweite sein.«

»Ich will aber nicht Erste sein, Sie kennen doch die Ängste vor den Frauen.«

»Es hilft Ihnen nichts, Sie müssen den Sprung wagen. Jeder Erste wird Sie bekämpfen, wenn Sie Zweite spielen.«

Da bewerbe ich mich. Ungefähr sechzigmal. Immer für

das Personalmanagement. Die Antworten, wenn überhaupt welche kommen: »Viel Erfahrung, aber keine Praxis in diesem Beruf.«

Wer arbeiten will, bekommt schon Arbeit.

Das Arbeitsamt bezahlt mir eine sechswöchige, ganztägige Weiterbildung, die im Jahr darauf zusammen mit den anderen, die auch immer noch keine Arbeit gefunden haben, vertieft wird. Thema: »Berufsbezogene Zusammenarbeit und Führung«.

Die anderen sind Informatiker, Juristen und Kaufmänner. Ich bin die Exotin. Entsprechend fallen – wieder mal – meine Referatsthemen aus: »Hexenprozesse und Emanzipation«. Da kann ich aus dem vollen schöpfen!

Ich finde keine Arbeit – ich bleibe sitzen.

Wer arbeiten will, bekommt schon Arbeit.

Die auf den Stühlen sitzen, sprechen nicht.

Vom Teilen

Das Geld ist schneller aufgebraucht, als ich dachte. Heizungs- und Stromkosten, die gesamten Lebenshaltungskosten steigen fühlbar, wenn man stets zu Hause ist. Hätte ich keine Abfindung erhalten, bekäme ich längst Arbeitslosenhilfe. So aber nicht. Ich falle, wie man so sagt, durchs soziale Netz.

Noch immer kommen Freundinnen und ehemalige Studenten zum Gespräch, fragen mich um Rat. Ich bitte um Geschenke. Ja, ich bitte! Da gibt es manchmal Kaffee, Fleisch auch oder Geld für Zigaretten. Care-Pakete.

Eine Sekretärin, die ich von früher kenne – sie kann sich selbst nur ein kleinstes Appartement leisten –, schenkt mir ihre monatlichen Essensmarken. Das ist dann ein Fest. Butter gibt es dann und einen Heringssalat.

Das erinnert mich an meine Kinderzeit: die Schulspeisung. Das Essen nahm ich immer mit nach Hause, es wurde »gestreckt«, die ganze Familie aß davon. Auch das waren Feste.

Mein ganzer Stolz: Ich mache keine Bankschulden.

Mein Auto kann ich nicht mehr reparieren lassen, meine alte Autowerkstatt nimmt es mir ab. Nun mache ich alle Behördengänge zu Fuß. In der Nähe ist ein Obdachlosenheim. Die Männer, die dort wohnen, begegnen mir auf der Straße. Was ist, wenn ich die Miete nicht mehr zahlen kann? Sozialhilfe? Niemals.

Er will nichts davon wissen, sagt: »Beschäftige dich, hilf alten Leuten.«

Ich melde mich beim Seniorenclub. Wenn ich den Alten die Fenster putze, stecken sie mir einen Schein in die Tasche. Ich kann ja wenigstens noch gehen!

»Mach irgendwas, was ganz Normales«, sagt er. »vor allem wegen der Altersversorgung.« Er fügt hinzu und wird selbst rot dabei, »da haben es die Verheirateten besser«. Und dann erzählt er, wie er sich sein Studium verdient hat: auf dem Bau, Stundenlohn eine Mark.

Ich verstehe das als Aufforderung, mir lieber die Zunge abzubeißen, als meine wahre Situation mitzuteilen. Ich zahle ihm das geliehene Geld zurück. Er hatte schon danach gefragt.

Wenn er es geschafft hat, dann schaffe ich es auch! Nur war er damals zwanzig, und es ging allen schlecht. Ich bin jetzt fünfundvierzig, und um mich herum geht es allen gut. Ich bin allein mit meiner Armut, muß sie verbergen, ich schäme mich.

Einmal, nachts, als ich noch eine Umarmung möchte, sagt er. »Nein, ich muß schlafen, weil ich aufstehen muß morgen früh. Ich gehöre nämlich zur arbeitenden Bevölkerung.« Er gibt mir deutlichst zu verstehen, was ich bin, ein überflüssiges, nutzloses Mitglied dieser Gesellschaft.

Ich war doch mal Sekretärin und Übersetzerin! Fast zwanzig Jahre ist das her. Bei der Zeitarbeitsfirma meinen sie wieder, ich sei total überqualifiziert, aber sie bieten mir das Beste an, was sie haben. Übersetzungen für die chirurgische Abteilung einer Firma für »menschliche Ersatzteile«. Zwei Tage werde ich am PC eingearbeitet, dann schicken sie mich los.

Ich bin aufgeregt wie Frauen, die nach Ehe, Kindern und Haushalt nun wieder ins Berufsleben eingegliedert werden möchten. Und es macht mir Spaß. Ich merke, ich kann was, habe nichts verlernt. Ich bin besser als die junge, auf Sekretärin umgeschulte Englischlehrerin, deren Platz ich nun einnehme. Zehn, zwölf Stunden arbeite ich täglich, werde nicht müde. Zwei Jahre lang wurde nur das Nötigste hier getan. Ich baue ein Archiv auf, mache Nachübersetzungen von wissenschaftlichen Vorträgen für Fachzeitschriften, beginne, ein englisch-deutsches Fachwörterbuch anzulegen. *Er* hilft mir bei den Übersetzungen. Bei schwierigen Fragen rufe ich ihn sogar an seinem Arbeitsplatz an. Er läßt sich stören, hilft. Überhaupt wird unsere Beziehung enger. Seit Jahren höre ich ein erstes Kompliment. »Du bist eine Wucht. Bald fahren wir in Urlaub.« Er hat doch gute Worte! Bietet mir eine Belohnung an, wie einem Hund, der dressiert wird.

In meiner Firma wird erwogen, mich fest zu übernehmen. Er findet auch das gut: »Da wirst du dich im Nu hocharbeiten.«

Dann kommt der 12. Mai 1988. Himmelfahrt. Nun möchte ich mal raus mit meinem selbstverdienten Geld! Er hat keine Zeit. Dabei weiß ich, daß es eine gibt, mit der er zum Skilaufen fährt, und auf meine Frage: »Warum mit ihr?« sagt er glatt. »Weil sie es kann.«

Ich fahre auf die Zugspitze, da wollte ich immer schon hin, in den letzten Schnee, der schon pappig ist. Skilaufen, das kann ich auch, wüte ich in den Schnee hinein. Dann, in einer Kehre, passiert es: Die Skier fahren übereinander, bohren sich in den weichen Schnee, die Bindung, obwohl ganz neu, löst sich nicht, ein knackendes Geräusch, ein irrer Schmerz durchzuckt meinen Körper. Ich höre seine Worte, wenn er mir bei der Umarmung zu weh tut. »Wenn du Schmerzen fühlst, weißt du, daß du lebst.«

Ich stehe auf, fahre hinunter, fahre nach Hause, trage die Skier in München noch bis in die Wohnung.

»Wenn du Schmerzen fühlst, weißt du, daß du lebst.«
Als ich den Anzug ausziehe, rutscht das Knie weg. Eine ehemalige Studentin kommt, ist entsetzt, ruft die Ambulanz.

»Wenn du Schmerzen fühlst, weißt du, daß du lebst.«
Auf einmal ist man sanft zu mir: »Was, damit sind Sie noch gegangen?« Doppelter Kreuzbandriß.

Als ich *ihm* von dem Unfall erzähle, schnauzt er mich wütend an: »Da hast du dir für den Rest deines Lebens was Tolles angelacht. Du dumme Kuh. Überleg dir mal, warum du das gemacht hast. Dein Job ist doch jetzt weg.«

Im Krankenhaus besucht er mich nicht, er läßt auch keine Blumen schicken. Und auch danach sehen wir uns monatelang nicht, ich gehe auf Krücken.

Der Job ist weg. Natürlich.

Das Arbeitsamt: »Sie sehen jetzt noch schlechter aus als zur Zeit Ihres Arbeitsprozesses. So sind Sie nicht vermittelbar. Außerdem sind Sie ja noch krank, können nicht mal gehen. So nimmt Sie keiner.«

Nun muß ich also doch zum Sozialamt, den Gang nach Canossa gehen, den Schritt zu bedingungsloser Unterwerfung tun.

In diesem Sommer 1988 zieht mich immer wieder meine Terrasse an. Ich wohne im fünften Stockwerk. Immer wieder stehe ich am Geländer. Da ich Tabletten hasse, erschießen unwürdig finde, kommt für mich nur das Springen in Frage. Das müßte doch klappen.

Und jedesmal, wenn ich das Geländer in der Hand halte, kommt mir meine Mutter in den Sinn: Damit zerstöre ich ihr ihre letzten Jahre. Dazu hab ich kein Recht. Ich habe Verantwortung – für meine Mutter.

Er ist dabei nicht mehr von Bedeutung. Diese Wahrheit schmerzt mich tief. Ich dachte doch, ich liebe ihn.

Ich mute mich ihm nicht zu. Mit meinen Tränen verschone ich ihn. Ich bin nicht emanzipiert. Noch immer nicht. Genau wie er. Da sind wir uns gleich.

Weihnachten gemeinsam verbringen? »Da kommen zu viele Sehnsüchte hoch«, sagt er. »Das ist ein mühsames Fest. Da find ich mir schon was zu tun.«

Wie war das doch?

»Wenn du Schmerzen hast, weißt du, daß du lebst.« *Mir* sagte er das.

Er teilt nicht – mit mir – den Schmerz.

Liebe – was ist das? Teilen? Mitteilen? Austeilen? Urteilen?

Ich bin *ihm* – wenigstens – nichts schuldig.

Ist das Liebe? Nichts schuldig sein?

7

Die Liebe

Sexualität und das Erschrecken

Jetzt gibt es nichts mehr: keine Arbeitsstätte, keine Jobs, keine Aufgaben, nichts mehr. Nichts mehr, was mich von außen in Anspruch nimmt, absolut nichts. Ich bin völlig mit mir allein, erlebe die totale Konfrontation.

Vom Priesterseminar her kannte ich das ja schon, viel allein zu sein, aber dort gab es äußere Strukturen, einen genau festgelegten Tagesablauf, und, so schwer mir das damals zuerst fiel, so hilfreich war das Vorgegebene doch auch. Strukturen engen nicht nur ein, sie geben auch Halt. Das Studium war auch genau festgelegt und alles vorhanden: geistige Betreuung, Essen, Wohnen. Für Leib und Seele war gesorgt, von außen.

Und nun? Für den Leib ist ein wenig gesorgt. Die Sozialhilfe ist zumindest so, daß ich meine Wohnung nicht verlassen muß und völlig ins Elend abrutsche. Aber niemand von denen, die mit mir am Thema Gott gearbeitet hatten, ist da. Die Kollegen, wo sind sie? Und wo sind die, denen ich von Gott erzählt hatte?

Nichts – totale Leere, wüste Wüste.

Jesus ging vierzig Tage in die Leere, als er auf den Berg gegangen war, um zu beten und zu fasten. Wie lang waren diese vierzig Tage wohl für ihn?

Und ich? Ich habe nicht einmal mehr Kontakt zu meinem Gott. Es gibt nur Dunkel, nur Schatten, Nebel.

Das Schlimmste ist *er*, der spöttisch immer wieder fragt: »Nun, wo sind die, die früher an deiner Seite standen?«

Aber er ist auch das Beste. In seinen Armen erlebe ich immer wieder den Himmel. Das ist das einzige, was mir geblieben ist. Und ist das nicht sehr viel?

Seine Umarmungen werden wichtiger und wichtiger für mich. Der Zustand beginnt mir große Angst zu machen.

Bin ich denn nicht schon mal – Gott sei Dank – darüber weggewesen, über die Begierde? Aber wenn ich nur »Gott sei Dank« darüber hinweg war, dann, so wird mir jetzt klar, hatte ich doch die Sexualität nur als störend, hemmend, negativ empfunden. Ja, der Trieb hatte mich früher abhängig gemacht, ausgeliefert, hatte mich zu Konzessionen getrieben, wo ich eigentlich keine hatte machen wollen. Das will ich nie wieder erleben. Meine Mönchskämpfe im Priesterseminar hatten mich doch so sehr befreit!

Jetzt bin ich konfrontiert mit allem, was in mir selber ist. Vor allem erschrecke ich über meine eigenen aggressiven Sexualbilder.

Ich ertappe mich in Galerien und Kunstausstellungen selbst dabei, wie ich mittelalterliche Folterszenen, aber auch die Bilder von Hieronymus Bosch anstarre. Mir wird heiß dabei, mein Atem geht schneller, ich muß schlucken, und – ich werde sexuell erregt. Schnell verdränge ich das. Lange verdränge ich das. Um Gottes willen – ich, eine »anständige Frau«, ich eine Theologin, ich kann das nicht zulassen. Niemals. Diese Wahrheit kann, diese Wahrheit will ich mir nicht leisten.

Und jetzt, mit diesem Mann, ist alles wieder da. Kommt alles zurück. Kommt alles heraus.

Er ist sehr geschickt darin, Phantasien aus mir herauszulocken. Ich stottere, werde rot – er läßt nicht locker, behutsam und doch bestimmt holt er eine Phantasie nach der anderen aus mir heraus. Nicht einmal meinem Analytiker kann ich das erzählen. In meiner Analyse war immer er es, dem ich diese nackte, direkte, ja, mich damals grausam anmutende Sexualität zuschob. Ihn machte ich zum Sexmonster. Wie hab ich diesen Mann, den ich so liebte, mit meinen Projektionen beladen! Sündenbockprojektionen. Mein Analytiker durchschaute mich in diesem Punkt nicht, so klug er sonst auch war. Ich mußte mir selbst auf die Schliche kommen: Er war lediglich die äußere Entsprechung zu meinem eigenen Inneren!

Beim verbalen Herauslocken aber bleibt es nicht. Er will auch handeln. Es fängt ganz harmlos an mit den phantasievollsten Arrangements innerhalb der Wohnung. Ich habe weder Marquis de Sade noch »Die Venus im Pelz« gelesen, aber er weiß, jede meiner Phantasien schnell und gezielt umzusetzen.

Das Wunderbare dabei ist, er nimmt mir die Angst, er nimmt mir die Scham. Bei ihm darf ich alles aussprechen. Was für eine Erlösung! Wie oft frage ich: »Bin ich schlimm?« – »Bin ich schlecht?« Aber er lacht nur: »Nein, das ist doch schön.«

Vor allem bitte ich ihn immer wieder, mich zu vergewaltigen. Und da es ihm sichtlich Spaß macht, löst sich langsam das Trauma auf. Der Parasit, bereits über zwanzig Jahre alt, verschwindet. Welche Lebenskraft war hier blockiert worden! Heute frage ich mich, wie ich mit diesem Parasiten überhaupt so lange hatte leben können.

Er, der Vielbeschäftigte, verheiratet mit einer höchst anspruchsvollen Dame namens »Arbeit« und deren serviler Diener, der sich nicht einmal Zeit für eine gemeinsame Stunde außerhalb des Bettes nimmt, ruft plötzlich von überall her an: »Eine Geschichte! Los!« Ich avanciere zur sexuellen Geschichtenerzählerin. Weiß ich keine mehr, dann schickt er mich in einen Sexshop, damit ich dort Literatur besorge. Zitternd, mit schweißnassen Händen und trockenem Hals stehe ich an meinem fünfundvierzigsten Geburtstag in einem dieser Läden, mitten in München. Wieder eine dieser Mutproben! Dafür gibt er mir Geld, sonst nie. Ich denke manchmal, daß er mich immer dort hinschickt, damit ich das durchlebe, wozu ihm selbst der Mut fehlt.

Bin ich durch das intensive Ausleben meiner Sexualität ganz frei, gelöst und voller Kraft, dann weiß ich genau: Gott ist Heil, Gott will Heil, und ich werde heil – also, kann das alles nicht gegen Gottes Heilsplan sein. Es ist vielmehr Er-lösung. Ist Lösung von der dumpfen Angst, Lösung von der dunklen, der aggressiven, der destruktiven Seite der Sexualität, indem sie ans Licht kommt. Es ist Er-lösung – Lösung, weil ich sie liebhaben darf, diese Seite, denn *er* hat sie lieb.

Ich kann mir endlich meine Wahrheit leisten. Ich fühle mich angenommen, weil er mich so angenommen hat. Ich fühle mich geliebt.

Endlich ist Sex das, was es ist: Sex. Nicht mehr. Nicht weniger. So, wie ein Messer ein Messer ist. Nicht mehr. Nicht weniger. Erst wenn ich es benutze, bekommt es seine Be-deutung. Ich kann damit einen Menschen umbringen, und ich kann damit einem Menschen das Leben retten.

Sexuelle Erfüllung als Ausdruck gelungenen Menschseins ist in der Kirche nicht definiert, das habe ich immer gewußt, jetzt aber erfahre ich es.

Erziehung zur Sklavin oder: Die Katharsis

Die Psychoanalyse ist beendet, die Sache mit der Kirche ausgestanden. Zumindest äußerlich.

Mit *ihm* jedoch geht es noch weiter. Noch tiefer. Er will mehr, nicht nur mich befreien, nicht nur mich lehren, daß ich mich annehmen darf, so, wie ich bin. Er will mehr – er will mich. Ganz. Ich soll ihm ganz gehören – mit Haut und Haaren.

Ich lache ihn aus. Da hält er mich ganz fest, mit dem Polizeigriff, so fest, bis es schmerzt. Wirft mich auf die Erde, fällt über mich her. Ich werde unsicher. Hier hört der Spaß auf, das geht zu weit. Er beruhigt mich. Die Lust siegt.

Ich sage mir: Man kann jemandem gehören und ihm doch nicht gehören. Je klüger wir sind, desto subtiler sind die Hintertürchen, die wir uns offenlassen. Aber das ist Koketterie.

Eines Tages fällt mir etwas besonders Reizvolles ein. Ich will mich über seinen Schoß legen, nackt, und dann will ich beichten. Ich stelle mir das schön vor. Er soll mich ein bißchen dabei verhauen, ich will seine Hand kraftvoll auf meinem Hintern spüren, seine Hand, die ich so liebe, die immer so genau die richtigen Stellen berührt; seine Hand, nicht zu schwer, nicht zu leicht; seine Hand, die mich im Schlaf zu sich herzieht und besitzanzeigend zwischen meinen Schenkeln ruht, die bei der leisesten Entziehungsbewegung fest zupackt mit einem Griff, dem ich mich nicht entziehen will.

Aus dem Spiel wird Ernst. Plötzlich hat er einen Stock in der Hand und einen schwarzen Polizeiknüppel, dann eine Reitpeitsche und einen braunen Lederknüppel. Ich bin entsetzt. Woher kommen alle diese Werkzeuge? Ist er etwa ein Sadist? Und dabei kenne ich ihn doch schon seit drei Jahren! Hat er sich denn bis jetzt nur verstellt?

Ist das also des Pudels Kern? Ist er deshalb so auf mich eingestiegen, weil er nicht normal ist und mich nur langsam erziehen will? Mich, eine erwachsene Frau, mich, die nie jemandem erlaubte, Macht über sich auszuüben, die sich eher trennt, bevor sie sich ergibt. Lust, ja. Befreiung, ja, und Suchtgrenze auch, selbst Maßloses und auch Hingabe. Aber sich ergeben? Sich ganz ergeben? Nein, mein Lieber, mit mir nicht! Dazu mußt du dir andere suchen. Nein, mein Freund, so haben wir nicht gewettet. Der Streit ist unschön. Wir trennen uns unfreundlich, fast feindlich voneinander. Ich brauche Wochen, um mich davon zu erholen.

Ich liebe ihn. Täte ich das nicht, so brauchte ich ihn nicht wiederzusehen, oder ich könnte ihn anzeigen wegen Bedrohung und versuchter Körperverletzung.

»Darum wird der Mann Vater und Mutter verlassen und sich an seine Frau binden, und die zwei werden ein Fleisch sein. Sie sind also nicht mehr zwei, sondern eins.« (Mt 19,5,6a) Ein Fleisch sein – was heißt das? Lege ich die Bibel zu exzessiv aus, wenn ich sage:

Ein Fleisch sein, das ist: Sein Fleisch ist mein Fleisch.

Ein Fleisch sein, das ist: Mein Fleisch ist sein Fleisch.

Ein Fleisch sein, das ist: Ich darf mich gierig auf ihn stürzen und er sich auf mich.

Ein Fleisch sein, das ist: Ich zerschlage den Weiden-
stock auf ihm, so, wie er den Stock an mir gebraucht.

Die Grenzen zwischen Ich und Du, die Grenzen zwischen Mann und Frau, die Grenzen zwischen ihm und mir
spielen keine trennende Rolle mehr. Er sagt: »Nimm dir
alles, es gehört alles dir.« Er freut sich, strahlt, ist eins mit
mir. Und ich? Ich muß es erst lernen, ihn mir zu nehmen!

Er sagt: »Nun bist du dran: Sag mir, daß du mir gehörst.«

Ich kann das nicht. So was Lächerliches, man kann
doch niemandem gehören, höchstens sich selbst. Und
wenn ich überhaupt jemandem gehöre, dann Gott.

»Nein, du gehörst mir. Sag's! Los!«

Wenn ich das wirklich sage, ist es existentiell. Wie ein
Brainwash, ein neues Persönlichkeitsmuster, eine Pro-
grammierung. Und das läßt sich dann kaum mehr zurücknehmen. Dieses Wissen blitzt aus meinem Unterbewußt-
sein hoch. Auch er weiß um diese Wahrheit, ich spüre es.

Das erfordert höchste Verantwortung. Weiß er auch
das? Weiß er überhaupt, auf welche Gratwanderung er
uns nun führt?

Ich will nicht, und ich kann nicht. Alles in mir sträubt
sich. Immer kommt mir mein Kopf dazwischen. So ein
Quatsch, das Ganze, denke ich. Und ich schwanke zwischen Verlachen und Ärgerlichwerden.

Da schlägt er zu. Spielerisch-tändelnd zuerst. »Du
wirst es schon noch lernen. Ich schlage dich so lange, bis
du begreifst, was du mir zu sagen hast.« Die Schläge
werden dichter. »Hast du einen dicken Kopf und ein
dickes Fell!« Er hält mich fest, eisern. Und auf einmal habe
ich Angst. Nackte, pure Angst. Sein Gesicht zeigt echte
Härte, seine Augen zeigen echte Wut, sein Genital ist
riesengroß, bedrohlich, so groß hab ich es noch nie gesehen!

Die Schläge wirken wie ein Elektroschock. Vor allem,
da er mich gleichzeitig aufs härteste penetriert – Nadelsti-
che im Gehirn.

»Und willst du es mir jetzt sagen?«

Es gibt kein Entrinnen. »Ja.«

»Gut, dann sag's. Aber sag genau das Richtige, genau das Richtige.«

»Ja.« Und – ganz erschöpft, ganz Hingabe, ganz Ergebenheit kommt: »Ja, Herr.«

»Noch mal.«

»Ja, Herr.«

»Was bin ich?«

»Du bist – mein Herr.«

»Gut. Und was bist du? Überleg es dir genau.«

»Ich? Ich – liebe dich.«

Seine Hand saust nieder. »Das will ich nicht hören. Was bist du?«

»Ich – ich – gehöre dir!«

Erneuter Schlag. »Das sowieso. Was bist du?«

»Deine – deine – ich kann nicht.«

»Doch, du kannst.«

»Deine, deine Sklavin.«

»Der Ton stimmt noch nicht, das ist noch nicht ganz wahr! Noch mal!« Und wieder spüre ich seine flache Hand auf empfindlichen Körperteilen.

Und jetzt, endlich, bei der nächsten Wiederholung, stimmt es. Erguß. Stille. Festes Umschlingen, sanftes Streicheln. Die Münder aneinander, so schlafen wir ein. Die Nacht deckt uns zu.

Ich bin, obwohl völlig blaugeschlagen, wie erlöst. Erlöst von mir selber, von einem ruhelosen, kritischen, oft faustischen Denken vor allem. Es ist mehr als reine Entspannung, mehr als Befriedigung. Ich habe mich abgegeben. Nicht weggegeben. Nicht aufgegeben, sondern: abgegeben.

Das ist Katharsis. Läuterung. Das ist eine neue Form der Freiheit: Freiheit von mir selbst.

Die Menschen, die ich auf der Straße sehe, nehme ich mit überbewußter Klarheit wahr. Die Kleidung, die Farben, die Physiognomie. Die einfachen Arbeiten in meinem Haushalt, die mir sonst oft Mühe bereiten, weil sie so lästig sind, werden wie automatisch erledigt. Und schwerere, wie die Gespräche mit dem Rechtsanwalt, die Umschulungs- oder Weiterbildungsfragen mit dem Arbeitsamt, all das bewältige ich mit einer fast stoischen Ruhe, einer gelassenen Klarheit, die an Teilnahmslosigkeit grenzt, es aber nicht ist.

Ich habe mich wirklich abgegeben. Mich endlich abgeben können. Eine ähnliche Erfahrung wie damals im Priesterseminar, bei meinen Mönchskämpfen, denen dann, als ich alles an Gott abgegeben hatte, der Frieden und das leichte Studieren folgen konnten. Dort hatte ich diese Disziplin eintrainiert.

Und nun habe ich mich ganz abgegeben. Fraglos. Ohne weitere Fragen. Abgegeben an ihn. Ich verstehe wieder den Sinn von Kasteiungen. Sie reinigen, läutern, befreien vom Ego.

Jetzt gehöre ich ihm. Gehören. Hören. Hörigsein.

Ich weiß jetzt, nichts hab ich mir je mehr gewünscht, als jemandem ganz zu gehören. Einem, der es schafft, mich an diesem Punkt zur höchsten Disziplin zu bringen. Da will ich Schüler sein, in Zucht genommen werden.

Und ich will immer die beste Schule. Ich bitte ihn, mein Zuchtmeister zu sein. Das liegt ihm. Denn er muß nicht nur bei der Ausübung seines Berufes höchste Präzision von sich selbst und seinem Team verlangen, auch als Chef braucht er einen klaren Kopf. Auf seinem Gebiet ist er unumstritten eine Koryphäe, jeder möchte bei ihm lernen, aber er ist mehr als streng. Viele laufen weg, ertragen ihn nicht. Vor allem Frauen. Nur so einer kann mein Herr sein: sehr klug, sehr diszipliniert, sehr autoritär und sexuell maßlos.

Er nimmt mich in Zucht.

Mir wird heiß, der Atem geht schneller, und ich muß schlucken, wenn ich daran denke, daß ich ihm jederzeit zur Verfügung stehen muß, daß Zeit und Stunde von ihm bestimmt werden. Daß er mich, wann immer er will, und jetzt kommt ein scheinbar schlimmes Wort, »benutzen«

kann. Wir haben beide anfangs Mühe mit diesem Wort. Dieses Wort vermittelt einen tiefen Schauder. Fascionosum et tremendum. Ich habe ja auch meine Leidenschaft an ihn abgegeben, will nur die Leidenschaft empfinden, die darin besteht, ihm Lust zu bereiten. Aber das bleibt vorerst noch Wunsch. So glatt laufen die Dinge nicht. Denn weder er noch ich sind dafür konsequent genug. Es ist wirklich eine Gratwanderung, und der Grat ist schmal. Wo stimmt das Ganze noch, wo zerstört es den Menschen, dessen Persönlichkeit?

Die Psychoanalyse greift hier bestimmt nicht mehr. Ich hatte ja bereits sechs Jahre gesucht, bis ich einen Analytiker fand, der meine philosophisch-theologische Sprache verstand. Und dieses Phänomen noch dazu? Wahrscheinlich würde das abgetan als pathologisch, weil es masochistisch sei. Aber was ist eigentlich ein Masochist?

Ist das Liebe?

»Das leichteste ist, was Gehalt und Gediegenheit hat, zu beurteilen, schwerer, es zu fassen, das schwerste, was beides vereinigt, seine Darstellung hervorzubringen.« (Hegel, Phänomenologie des Geistes)

Ich versuche, über die Liebe zu urteilen:

Das ist abartig, pervers, nicht normal.

Kann mit Liebe nichts zu tun haben.

Das ist reine Unterdrückung, Herr-Sklaven-Verhältnis und daher nicht menschenwürdig.

Kann mit Liebe nichts zu tun haben.

Das ist sexuelle Ausbeutung.

Kann mit Liebe nichts zu tun haben.

Das ist Sadomasochismus, pathologisch.

Kann mit Liebe nichts zu tun haben.

Typisch männliches Besitzverhalten. Spätestens seit den 68ern überholt, veraltet, nicht mehr möglich.

Kann mit Liebe nichts zu tun haben.

Macho-Gebaren.

Kann mit Liebe nichts zu tun haben.

Opferrolle.

Kann mit Liebe nichts zu tun haben.

Aber was ist Liebe?

Auf alle Fälle etwas völlig anderes als das Befriedigen eines Bedürfnisses. Innerhalb der Liebeserfahrung ist das Ego aufgelöst – als würde das Gehirn wegfliegen. Jegliche Raum- und Zeiterfahrung ist aufgehoben, in diesem Zustand gilt eine andere Dimension. Seins-Vergessenheit oder Seins-Allwissenheit, beides ist gleich gültig. Und das Ganze ist ein Seins-Zustand des Nicht-Seins und doch völligen Klar-Seins.

Wenn es ein All-Sein in der Ewigkeit gibt, ein Gleichzeitig-Sein aller Erfahrungsebenen, dann ist es annäherungsweise das, wovon ich zu sprechen versuche.

Das Wort »Liebe« ist fast zu schwach dafür. Es ist vielleicht eher die »Essenz« von Liebe. Denn es handelt sich um blanke, pure, klare Existenz.

Das mag für manche Menschen kalt klingen. Nicht gemütlich, nicht kuschelig, nicht behaglich. Aber die Wahrheit ist nicht kuschelig. Wahrheit ist absolute Klarheit. Ohne Drumherum. Und wer nun meint, dabei ginge die Zärtlichkeit verloren, auch der irrt sich: Zärtlichkeit, aus dieser wahrhaftigen Klarheit erwachsen, ist echt und nicht klebrig. Und in diesem Sinne ist die Klarheit der Wahrheit ein Synonym für Liebe.

Das ist der Begriff von Liebe, wie ihn das Alte Testament meint, wenn es heißt, als Adam und Eva sich lieben:

»Der Mensch (Adam) ERKANNTE Eva, sie wurde schwanger und gebar Kain.« (Gen 4,1) Das Alte Testament sieht also den Geschlechtsakt als Erkenntnisakt!

Wenn ich versuche, das zu beschreiben, was beide vereint, dann gerate ich ins Stocken. Denn dafür gibt es kaum Sprache. Aber ich meine, wenn ein Mensch, der hoch diszipliniert ist, sich selten gehenlassen kann, hohe Verantwortung trägt, wenn der sich losläßt, wenn der explodiert, zusammen mit einem anderen, ganz gegeben, ganz ge-löst, er-löst, dann vereinigt beide *die kosmische Verschmelzung, die Erfahrung von Gott.*

Mit Bedürfnisbefriedigung hat das nichts zu tun. Im Gegenteil: Dies ist ein Feuer, das das Ego verbrennt, und wo das Ego verbrennt, dort ist Wahrheit. Dort ist Gott.

Aber ich weiß: Das ist nichts für jeden. Dazu ist es eine zu große Herausforderung. Und: Wer es nicht erlebt hat, der rutscht automatisch zum Anfang meiner Überlegungen und sagt wieder: Kann mit Liebe nichts zu tun haben. Wer es jedoch erlebt hat, bekommt eine andere Sicht auf alles. Auf dem Hintergrund dieser Erfahrung bekommen Alltagskleinigkeiten und -rechthabereien den Platz, der ihnen zukommt.

Freiheit durch Abhängigkeit?

Das ist eine schöne Zeit, als ich *ihm* endlich »gehöre«, und an sie erinnere ich mich gern. Sie dauert fast ein Jahr.

Ich komme aus meinem tiefen Tief heraus, bin wieder in der Lage, Bewerbungen zu schreiben, er berät mich. Er hat einen guten Blick, eine vorausschauende Intuition. Er weiß schon im voraus, was zum Beispiel Greenpeace antworten wird, als ich mich für die ausgeschriebene Stelle als politischer Sprecher bewerbe.

Da ich ihn ja nie in seinem Beruf erlebt habe, dauert es lange, bis ich ihm vertraue und ihn um Rat frage. Außerdem hat er einen Hang dazu, mich kleinzumachen – der Grat zwischen sich jemanden unterwürfig zu machen und jemanden zu unterdrücken ist schmal. Da gibt es immer wieder Kämpfe, aber wir lernen. Beide.

Ich hänge von ihm ab. Ich darf endlich sagen: »Ich brauche dich.« Vom hochsinnigen Gerede, daß Liebe erst Liebe sei, wenn man sich nicht mehr brauche, können wir uns befreien. Wir brauchen uns, wir GEbrauchen uns sogar. Gegenseitig. Und können dazu stehen. Das Vertrauen wächst.

Am Freitag, dem 11. September 1987, schreibe ich folgenden Brief an ihn:

»Über Liebe und Macht

Bei Hertie bin ich. Will eigentlich einen Fitneß-Anzug

kaufen, also etwas ganz Alltägliches: alltäglicher Einkaufsbummel in einem alltäglichen Großstadtkaufhaus.

Plötzlich: Etwas ganz anderes hängt in der Luft! Gepflegte, kultivierte Frauen bleiben stehen, wie angewurzelt. Auf den Gesichtern: Faszination, Skepsis und... eine Ahnung...! Eine Frau geht vorbei – Araberin. Gekleidet in schwarze Spitze, golddurchwirkt. Verhüllt bis auf das Gesicht. Nein, zu sehen sind nur Augen und Stirn. Nase und Mund sind unter einer gold-kupfernen Maske verborgen. Drei hübsche junge Mädchen, ganz verschleiert, sind um sie herum. Diese Frau zeigt in Haltung und Gestik keinerlei Unterwürfigkeit. Stolz ist da und ein Wissen. Mein aufklärerisch geprägtes Denken sagt sofort: ›Verkörperung des Patriarchats‹. Aber: Wieso ist sie dann so stolz? Und so edel? So frei und elegant ihre Bewegungen? Ich weiß: Sie gehört jemandem – ganz tief, unauslöschbar, und nie, nie wieder würde sie einem anderen gehören. Auch nicht, wenn er jetzt stürbe.

Heiß wird mir – vor allem zwischen den Schenkeln. Was die anderen Frauen, die stehengeblieben sind, nur ahnen können, das weiß ich: Liebe, wirkliche tiefe Liebe, Ausgeliefertsein an sie, ist stark wie der Tod – das macht frei!

Liebe kennt keine Gnade, sie ist gnadenlos. Denn entweder ist sie so umfassend, daß sie keine Gnade braucht, oder so hart, daß sie keine kennt.

Liebe kennt keine Gerechtigkeit, Gerechtigkeit braucht man nur dort, wo keine Liebe ist.

Liebe – das ist Ausgeliefertsein, Macht und Ohnmacht zugleich!

In diesem Moment wünsche ich mir nur eins: Ausgeliefertsein an Deine Macht, an Deinen Stock, wünsche mir nur eines: Deine Sklavin zu sein, Dir ganz zu gehören. Wünsche mir nur Deinen Befehl, meine Beine auseinanderzunehmen, die Schläge Deiner Hände auf der Innenseite meiner Oberschenkel zu spüren, bis ich ganz weich bin, ganz ergeben. Und dann: Nimmst Du mich.

Wie sehr ich mir wünsche: Du sperrst mich dann in einen Turm ein, isolierst mich, weil ich Dein Besitz bin!

Ich komme nach Hause, höre Deine Stimme nur auf dem Anrufbeantworter: O große Freude, o tiefe Demut.«

Da *er* fast nur arbeitet, sich die Zeit für uns beide »freischaufelt«, wie er immer sagt, mache ich alle täglichen Kleinigkeiten allein. Anfangs bin ich traurig, daß er nie mit mir zusammen einkaufen geht, zum Beispiel Samstag morgens. Überhaupt geht er nie mit mir in die Öffentlichkeit. Aber ich mache selbst das zu einem Kult.

Ich mache mich sehr schön, gehe nach einem Einkauf allein in eine Austern- oder Champagnerbar, gehe allein ins Kino oder in einen Vortrag – alles Dinge, vor denen ich früher als Frau allein Angst hatte – und gehe ganz gerade und ganz selbstbewußt, ich trage noch Spuren von ihm an meinem Körper – ich gehöre ihm. Wenn jemand mit mir flirtet, dann weicht mein Blick nicht mehr verlegen aus, sondern ich werde stolz.

Als ich einmal nicht so gehorche, wie er es sich wünscht, stellte er in Aussicht: »Wenn du nicht kapieren willst, wem du gehörst, werde ich dir meinen Namen in deinen Hintern einbrennen!« Von außen betrachtet, klingt das lächerlich. Mir aber vergeht der Atem, mir wird heiß!

Meine Berichte freuen ihn. Er fragt auch genau ab, mit wem ich gesprochen hab und worüber. Und achtet darauf, daß ich immer sehr gepflegt bin. »Ich will, daß du dich nicht nur für mich pflegst, sondern immer und jederzeit und vor allem für dich selber.«

Ich darf mich auch einladen lassen. Mehr aber nicht. Ich versuche das und gehe sogar so weit, einen Verehrer mit ins Schlafzimmer zu nehmen, ihn genau danach zu fragen, was er denn vorhabe, nur um dann zu sagen, ich müsse erst meinem Freund rapportieren und fragen, ob er damit einverstanden ist. Dieser Verehrer ward nie mehr gesehen!

Wir nehmen uns vor, zusammen zu meiner Schwester nach Südafrika zu fliegen.

An einem Donnerstagabend kommt *er*. Er bringt etwas mit – Peitschen und Klebeband. Obwohl ich heute überhaupt keine Lust darauf habe, läßt er sich nicht wie sonst, wenn ich lieber nur schmusen möchte, viel Zeit, um mich langsam in seine Richtung zu bringen, sondern er geht schnell und brutal vor. Er fesselt mich, dann stopft er mir meinen Slip in den Mund und verklebt mir den. Ich komme langsam in Panik. Erstickungsangst, Herzjagen, verzweifelter Versuch, mich verständlich zu machen. Er weiß ja nicht, daß ich durch die Nase nur schlecht atmen kann. Fast werde ich bewußtlos, er glaubt mir das nicht, denkt, es ist die übliche Ziererei, macht weiter. Als Arzt müßte er eigentlich unterscheiden können zwischen herausfordernder Koketterie und echter Gefahr.

Als er mich schließlich befreit, dauert es einige Zeit, bis ich wieder ganz bei mir bin. Ich bin tief gedemütigt und ernsthaft verletzt. Seelisch. Ich kann nur weinen. Das macht ihn hart. Er kann keine Tränen sehen. Doch Tränen sind für die Seele das, was der Regen für den Ackerboden bedeutet: wichtig zum Wachstum. Er läßt mir meine Tränen nicht, er selber hat auch keine.

Am Wochenende hat er keine Zeit, sagt er, als er geht. Sein Ton ist seltsam, ich glaube ihm nicht.

Wer sich auf eine Gratwanderung einläßt, wie ich es tat, der muß auch begreifen, was passiert, wenn es passiert. Sonst scheitert entweder die Beziehung oder zumindestens eine der Personen, denke ich mir. Aber sich zur Hingabe zwingen zu lassen und unterdrückt zu werden sind zwei verschiedene Dinge. Und diese Unterscheidung muß ich unbedingt begreifen. Dazu bedarf es einer großen Ehrlichkeit, einer Wahrhaftigkeit mir selbst gegenüber. Erkennen. Mich selbst. Und damit den anderen. So, wie Adam Eva erkannt hat.

Ich brauche ihn, ich müßte mit ihm darüber sprechen. Denn das war doch zuviel für mich. Meist nimmt er sich dafür auch die Zeit.

Ich rufe ihn an. Eine Frau ist am Apparat. Ich stocke, kann vor Schreck kaum sprechen. Wenn ich bei ihm bin und das Telefon klingelt, darf ich es nie abnehmen. Also vertraut er dieser Frau mehr als mir. Schmerz. Als ich mich gemeldet habe, sagt sie: »Ich will nachschauen, ob er da ist.« Gemeint ist, ob er sich sprechen läßt, denn natürlich ist er da, wenn sie nachschauen muß. Er läßt sich nicht sprechen. Sie sagt: »Er ist nicht da.« Ich lege den Hörer auf, bin wie zerstört, bitte eine Freundin, dort anzurufen, ich will es genau wissen, Unsicherheit ist schlimmer als eine schmerzhafte Wahrheit. Sie ruft bei ihm an. Da läßt er sich sprechen.

Aus! Vorbei! Ich stürze ab, soweit das überhaupt noch geht nach dieser Nacht. Nicht die Erkenntnis, daß er mit dieser Frau schläft, zwei Tage nach mir, bringt mich fast um den Verstand.

Nein, nicht das schmerzt. Sondern daß er mich nicht kennen will, sich verleugnen läßt, mich verleugnet. Und diesem Mann hab ich mich ganz ausgeliefert! Ihm mein ganzes Vertrauen geschenkt! Ihm Macht über mein ganzes Ich gegeben! Das ist Verrat! Das ist mehr als Verrat!

Ich betrinke mich, fahre nachts auf die Autobahn, fahre zwei Markierungen auf der rechten Seite um, werde auf die gegenüberliegende Seite geschleudert – es ist mir egal –, dann komme ich eben in ein Krankenhaus. Mir passiert aber nichts, nur das Auto ist kaputt.

»Petrus aber saß draußen im Hof. Da trat eine Dienerin zu ihm und sagte: Auch du warst mit Jesus, dem Galiläer, zusammen. Doch er leugnete es vor allen Leuten und sagte: Ich weiß nicht, wovon du redest. Und als er durch das Tor hinausging, sah ihn eine andere Dienerin und sagte zu denen, die dort standen: Der war bei Jesus, dem Nazaräer. Wieder leugnete er und schwor: Ich kenne den Menschen nicht. Kurz darauf kamen diese Leute zu Petrus und sagten: Wirklich, auch du gehörst zu ihnen, deine Mundart verrät dich. Da verwünschte er sich und beteuerte unter Eid: Ich kenne den Menschen nicht. Gleich darauf krähte ein Hahn, und Petrus erinnerte sich an das, was Jesus gesagt hatte: Ehe der Hahn kräht, wirst du mich dreimal verleugnen. Und er ging hinaus und begann bitter zu weinen.« (Mt 26,69–75)

Er kennt mich auch nicht. Verleugnet mich, so, wie Petrus Jesus verleugnet hat. Als Petrus seinen Verrat erkennt, weint er bitter.

Und *er*? Er weint nicht. Denn er hat keine Tränen. Keine Erkenntnis. Keine Erkenntnis seiner Verleugnung.

Aber ich erkenne: Ich erkenne, weshalb er bei seinen Besuchen nicht einmal das Licht im Treppenhaus anknipst: Er will seine Beziehung zu mir im Dunkeln halten. Nicht anerkennen. Aber Erkennen – An-erkennen – Liebe – das gehört doch zusammen!

Petrus – zu deutsch: der Fels – bekommt den Schlüssel für die Kirche, obwohl und weil er ein Verräter ist. Seine Aufgabe ist es, Jesus zu erkennen, anzuerkennen, zu ihm zu stehen, seine Kirche aufzubauen.

Und ich: Kann ich ihm den Schlüssel zu meinem Herzen wiedergeben? Und *er*: Wird er mich in Zukunft erkennen, kennen, an-erkennen?

Ich bin nicht so stark wie Jesus.

Zum Teufel mit diesem Mann.

8

Der Weg zum Puff

Die Andere

Von ihr zu schreiben ist das Schwerste, denn viel lieber würde ich das alles verdrängen.

Sie kommt in meine Wohnung. Als sie wieder einmal sein Telefon beantwortete, haben wir uns verabredet. Wir stehen uns gegenüber. Sie: klein und zierlich, kurze, glatte, sorgfältig geschnittene Haare, rot-weiß-karierte Bluse, ansonsten solide-bayerisch in Loden gekleidet, ich dagegen groß, gegen sie eher üppig, mit hennagefärbtem, halblangem Wuschelkopf und pinkfarbenen Bermuda-shorts, engem T-Shirt mit weitem Ausschnitt, zwei Menschen, wie sie gegensätzlicher wohl kaum zu finden sind. Sie raucht und trinkt auch nicht wie ich, wie sich später herausstellt.

Denke ich an sie, kommen mir stets die Hutterer in den Sinn, während ich mir eher vorkomme wie die zur Karnevalszeit durch Rio tanzenden Katholiken: maßlos, exzentrisch, voller Leben.

Diese Gegensätze geben sich die Hände, umarmen sich – weinen. Beide.

Ich mag sie.

Wir sprechen miteinander. Trinken Kaffee. Sprechen zuerst über unseren Glauben, sie fühlt sich evangelisch, ich katholisch, sie erkennt einige Gebets- und Meditationsbücher in meinem Bücherregal.

Dann sprechen wir über *ihn*. Stundenlang. Und sie erzählt mir ihre Geschichte mit ihm. Sie haben sich bei der Arbeit kennengelernt, arbeiten immer noch zusammen in übergeordneten Organisationen. So, wie sie erzählt, haben sie sehr viel Privatzeit miteinander verbracht. Mir sagt er immer, er arbeite nur! Ich habe keinen Grund, an ihren Geschichten zu zweifeln, zu viele Einzelheiten kennt sie. Und sie kennt mich, aus *seinen* Erzählungen. Als sie zum Beispiel eine Kette von mir beim Putzen unterm Bett findet und ihn danach fragt, antwortet er: »Ach, eine Bekannte, Theologin, mit Schwierigkeiten in der Kirche, ich muß ihr ein bißchen helfen. Nichts von Bedeutung.«

Welche Achtung vor der Würde des Menschen! Er wußte doch, wie sehr ich ihn liebte.

Sie und ich, Gegensätze wie Tag und Nacht, kommen durch das Erzählen zusammen.

Ein klassisch-bürgerliches Dreiecksverhältnis also?

Sie, die feste Freundin, ich, die Geliebte.

Sie, die Wochenenden, ich, die Wochentage.

Sie, überwiegend tags, ich nur nachts – ganze zweimal im Monat.

Die Freundin und er scheinen viel miteinander zu sprechen. Er und ich treffen uns nur im Bett. Reden kaum. Nutzen die kostbare Zeit – freigeschaufelt – für anderes.

Immer hatte ich gespürt, daß da noch jemand anderes ist. Stets hatte er es abgestritten. »Du brauchst eine ganz junge, eine, die noch zehn Jahre jünger ist als ich. Und die du dir dann erziehen kannst«, hatte ich gesagt. »Und nach zehn Jahren, wenn sie aufgewacht ist, wird sie es dir heimzahlen.«

»Was soll ich mit einer Jungen«, pflegte er zu antworten, »die weiß doch nicht, worum es geht.«

Frauenintuition hat etwas Unheimliches.

Es stimmte alles. Sie ist zehn Jahre jünger als ich, und beide sind gerade zehn Jahre zusammen. Und sie ist so voller Bitterkeit und Rachegefühle, wie ich das selten bei jemandem erlebt habe. Sie zahlt es ihm gerade heim, mit Mitleid und Herablassung: »Er ist spätpubertär mit all seinen zusätzlichen Beschäftigungen.«

Dann sind wir beim Intimbereich. »*Damit* verschont er mich schon seit Jahren. Gott sei Dank.«

Das *Damit* also, das ist meins. Alles, was ich mit ihm habe. Daher ist es auch so kostbar für mich.

In der Praxis sieht das Ganze so aus (wir vergleichen die Kalender): Fährt er zu einer »Geheimsache« am langen Wochenende, ist das in Wirklichkeit ein langes Skiwochenende, sie ist dabei. Sie fährt am Donnerstag mit seinem Wagen voraus zum Skiort, er hat noch etwas zu erledigen, kommt zu mir, denn *damit* verschont er sie, Gott sei Dank. Er reist per Zug nach.

Fährt er zu seinem Segeltörn nach Griechenland. »Eine reine Männertour, da kann man keine Frauen gebrauchen.« Sie ist dabei. Am Donnerstag vorher kommt er zu mir, denn *damit* verschont er sie, Gott sei Dank.

Geht er auf Bergtour: »Das ist nichts für dich, viel zu langweilig.« Sie ist dabei. Am Donnerstag vorher kommt er zu mir, denn *damit* verschont er sie. Gott sei Dank.

Es ist klassisch-bürgerlich, sie, die Ehefrau, ich, die Geliebte, Hilfsmittel puritanischer Ehen, die Triebkraft ist nicht erlöst.

»Wieso braucht er eigentlich uns beide?« fragt sie und antwortet gleich selbst: »Ich denke, ich bin die Sicherheit, packe ihm die Koffer und putze ihm die Wohnung. Du bist die Anregung, intellektuell und erotisch. Aber wie hältst du das nur aus, sich so selten zu sehen und dann kaum was anderes als *das*?«

Und obwohl *das* für mich sein Bestes ist, genügt es mir natürlich nicht. Meine Kommunikation mit ihm ist einseitig, sie besteht aus Briefen meinerseits, zwei die Woche. Ich zeige ihr die Ordner mit den Kopien, sie ist sprachlos, sie liest Passagen, sagt dann: »Also, deshalb hat er sich in den letzten Jahren so positiv geändert. Er spricht die Sprache dieser Briefe.« Und weiter: »Und mit dem anderen dachte ich, geht er woanders hin.«

Gemeint ist: Puff.

Das sitzt. Geht tief.

Zwei Jahre trage ich diesen Satz mit mir herum. Erst im Puff werde ich ihn richtig los.

Tag- und Nachtfrau stehen sich gegenüber.

Nun zeige ich ihr das Schlafzimmer und den riesengroßen Spiegel über dem Bett.

Das bedeutet: Ja, ich bin die Nachtfrau, und ich stehe dazu. Ihr Gesicht verschließt sich, und nun bin ich es, die die Fragen stellt: »Und wie verkraftest du es, daß er andere Frauen hat?«

»Ich weiß das schon lange, denn es rufen schon seit Jahren immer wieder Frauen an. Es interessiert mich nicht. Ich will es gar nicht mehr wissen. Das sagte ich ihm.«

Das kommt hart, das ist keine Wunde, keine heile Narbe, sondern ein Panzer.

»Ich muß mich irgendwie schützen. Denn schließlich will ich nicht in Haar landen.«

»Bist du ihm noch treu?«

»Schon seit Jahren nicht mehr. Ich erzähle schon lange nichts mehr von mir. Er macht das ja auch nicht.«

»Kannst du ihn denn noch lieben?«

»Es ist wohl eher Mitleid, ich brauche ihn nicht mehr. Im Bett ist er sowieso langweilig. Er ist ja krank. *Damit* kann er ruhig woanders hingehen, solange ich die Wochenenden und alles andere mit ihm habe.«

Sie zahlt heim. Wie du mir, so ich dir.

Auf diese Weise heimzuzahlen ist alttestamentarisch. Auge um Auge, Zahn um Zahn, Vergeltungsmaßnahme. Kein neutestamentarisches »Vergelt's Gott«.

Und was heißt krank? Wer setzt die Kriterien dafür? Ist das, was nicht der landläufigen Norm entspricht, etwa schon krank? Nur weil niemand über seine sogenannte Perversitäten spricht, heißt das, es gäbe sie nicht? Erst wenn alle den Mut besitzen, dazu zu stehen, ändert sich auch die Norm, die sogenannte.

Ja, ich bin wirklich lieber die Nachtfrau. Denn das ist ehrlich, da weiß ich, woran ich bin. Ich hasse Vertuschen.

Hier kommen wir nicht zusammen. Nie. Hier sind wir grundsätzlich verschieden, seine Freundin und seine Geliebte.

Dennoch weine ich, kann nicht verstehen, warum er diese beiden Welten nicht vor der jeweils anderen zugibt. Da lacht sie: »Ich weine schon lange nicht mehr. Er wird immer lügen.« Das glaube ich nicht. Nur in einer ganz bestimmten, kleinen Welt muß man lügen. Und wenn man gezwungen ist, an diese kleine Welt Zugeständnisse zu machen.

Wie geht es nun weiter, jetzt, da wir voneinander wissen? Sie sieht ihn mehr als ich. Also übernimmt sie die Initiative. »Die gemeinsame Bergtour blase ich ab. (Das tut sie auch. Er sagt später grimmig zu mir: ›Die wird nachgeholt.‹) Er muß jetzt was ändern. Ich stelle ihn vor die Entscheidung. Wenn er so weitermacht, verliert er uns beide.«

Kann sie es sich leisten, ihn vor die Entscheidung zu stellen? Wer das tut, muß den Verlust einkalkulieren. Oder sich seiner Sache sehr sicher sein. Sie stellt ihn nicht vor die Entscheidung, wie sich nach vielen Monaten, als ich ihn endlich danach frage, herausstellt.

Als sie gegangen ist, bin ich wie starr, leer, tot. Völlig empfindungslos. Tage geht das so. Auch noch, als er mich am Telefon beschimpft, weil ich seine Freundin »belästigt« hätte – wo er das Wort wohl herhat? War er denn dabei?

Als ich dann – nach ein paar Tagen – wieder zu mir komme, beginnt der Schmerz. Um ihn zu betäuben, renne ich mit dem Kopf gegen die Kachelwand im Badezimmer. »Herrgott, Vater, wo bist du? Hilf mir, bitte, hilf mir!« Einen Tag später rufe ich meinen Analytiker an, frage, was ich machen soll. »Versuchen Sie hindurchzugehen, ohne Tabletten. Schließen Sie Türe und Fenster, und schreien Sie. Und weinen Sie. Und schlafen Sie. Das hilft am schnellsten.«

Ich tue das. Dann beginnt mein Gehirn wieder zu arbeiten.

Ich fahre mit einer Freundin für einige Tage nach Budapest. Danach mache ich ein Selbsterfahrungswochenende. Ich habe mich zur Ausbildung als Gruppentherapeutin beworben. Einige lange Bewerbungsgespräche und zwei Wochenenden sind bereits vorausgegangen. Alles gut gelaufen. Diesmal nicht. Aufgrund meines

schlechten Zustandes bekomme ich den Ausbildungs-
platz nicht, man rät mir, mich noch mindestens ein Jahr
lang zu erholen, ich hätte zuviel Schlimmes durchge-
macht, sei für die Ausbildung noch nicht stabil genug. Ja,
Kirche und *er*, Berufung und Liebe, beides auf einmal
kaputt, das ist wohl ein bißchen viel.

Ich bin das schwächste Glied der Kette.

Denn ich liebe nur. In einer Tiefe und Hingabe, wie ich
sie nie zuvor gekannt habe. Ich kann keine Bedingungen
stellen.

Was also soll ich tun, flüchten oder standhalten?

»Geh da weg«, sagt Mutter. Ihr alter Satz. Sie kennt
mich.

Ich mache einen schwachen Versuch, mich zu lösen,
und bitte ihn, mir meine Liebesbriefe zurückzusenden.
»Es gibt keine Briefe.« Papierkorb also, das ganze Herz-
blut dreier langer Jahre, im Papierkorb!

Ich bin das schwächste Glied der Kette.

Wer liebt, hat keine Wahl.

Wer liebt, ist der Unterlegene.

Ich bin abhängig geworden. Ich bitte ihn, mich wieder
zu nehmen. »Wenn ich die Wahl hätte zwischen Tag und
Nacht, ich wählte die Nacht mit dir.« Er nimmt mich
wieder. Für die Nacht.

Jetzt trennt er die beiden Bereiche stärker als zuvor. Ich
darf nicht mehr bei seiner Arbeitsstelle anrufen, muß
mein Auto weit entfernt parken. Ihre Skier stehen weiterhin in seiner Garage, Kleidungsstücke von ihr sind in der
Wohnung.

Ich habe keine Wahl. Ich bin das schwächste Glied der
Kette. Ich habe mich auf die Dreiecksbeziehung eingerichtet. Die Wochenenden sind eine Qual. Irgendwie überlebe
ich, montags ist er ja wieder da.

Aber er steht nicht zu seiner Nacht mit mir, unsere
Nacht ist eine heimliche. Es ist kaum ein Unterschied, ob
ich die Geliebte eines Priesters oder seine bin. Die psycho-
logischen und soziologischen Auswirkungen sind diesel-
ben. Und gerade das hatte ich nie gewollt.

Meine Liebe, meine Abhängigkeit haben bestehende Strukturen nicht verändert, haben sie eher noch verstärkt.

Trotzdem. Sollte ich an dem ganzen Schmerz scheitern, so werde ich dennoch sagen können: Ich habe geliebt. Und das heißt auch: Ich habe gelebt. Das einzige, das zählt.

Jedoch. *Er* fällt vom Podest.

Ich fahre zu Weihnachten nach Südafrika, zu meiner Schwester, allein.

Die Schwestern

Meine Schwester ist zehn Jahre älter als ich. Ich bin die Kleine.

Sie war stets meine zweite Mutter. Sie wußte immer alles besser. Ohrfeigen kamen nie von meiner Mutter, immer von ihr. Zu ihrer Eheschließung war ich nicht eingeladen, obwohl ich in der gleichen Stadt wohnte, sogar in der gleichen Straße. Sie verkehrte nun in Professorenkreisen, die kleine Schwester paßte da nicht hinein, die hatte nur Volksschulbildung. Meine Schwester war nun Frau Professor, daher bezog sie ihre Identität, kein Satz verging ohne »Mein Mann sagt...«

Lange Jahre hatte ich Angst vor ihr. Ich habe immer Angst vor Autoritäten gehabt.

Dann kommt die Wende. Das Abitur, das ich nachmache, traut sie mir nicht zu. Sie gratuliert mir nicht. Das tut mein Schwager.

Von meinem ersten selbstverdienten und ersparten Geld als Theologin lade ich sie zu einem gemeinsamen Urlaub in ein Land ihrer Wahl ein. Sie wählt England. Wir fahren mit dem Auto durch England, Schottland, auf die Hebriden, drei Wochen lang. Wir kommen glänzend miteinander aus, auf einmal.

Auf einmal könnten wir uns weiße Blätter zusenden, und jeder wüßte, was der andere meint. Es ist wunderbar, endlich habe ich eine Schwester. Ich bin auf ihrem Niveau.

Inzwischen aber ist die Fassade längst abgebröckelt, der Sozialstaat, Professorenfrau, zieht nicht mehr. Selbst nicht im konservativen Südafrika.

Zu Weihnachten fliege ich also mit meiner achtzigjährigen Mutter nach Südafrika, zu Schwester und Schwager.

Mein Schwager kommt mir diesmal vor wie ein in den Feuerbachschen Thesen steckengebliebener Zweifler. Er sucht das Gespräch mit mir, nennt mich seine »akademische Freundin«. Beim Tanzen jedoch und beim Schachspiel auf der Veranda während der schwülen Nächte besingt er mich – als puritanischer Romantiker, der er ist – als seine seit zwölf Jahren begehrte Venus. Es fällt mir nicht immer leicht, ihn zurückzuweisen, denn die Nächte sind voll süßer, schwerer Düfte, und denke ich an *ihn*, ist da nur die Verleugnung am Telefon in meinem Gedächtnis. Mein Schwager träumt von nichts anderem mehr als von der bevorstehenden Silvesterparty, in der jedes Jahr Pfänderspiele gespielt werden, bis die Frauen (alles Gattinnen honoriger Professoren) nackt und sozusagen zur Auswahl »bereitstehen«.

Den krönenden Abschluß bildet ein gemeinsames Bad im Swimmingpool. Letztes Jahr war meine Schwester »übriggeblieben« und hatte einen Nervenzusammenbruch bekommen. Dieses Jahr ist eine Theologin dabei – nämlich ich –, was nun? Die alten Muster, die zwar durchbrochen, aber nicht verarbeitet sind, melden sich. Das Ganze wird höchst sittsam. Meine Schwester trinkt, dann bekämpft sie mich im akademischen Diskurs.

Sie trinkt überhaupt sehr viel, und ich sehe erst jetzt, daß die Ehe wohl gar nicht gutgeht. Statt Sex scheint es nur noch Streit zu geben.

Ein paar Tage später sind wir allesamt bei Freunden zu einem Fernsehabend eingeladen. Mein Schwager als Theaterwissenschaftler kommentiert den Film. Meine Schwester weiß es besser, es gibt Streit. Meine Schwester läuft weg – Mutter erträgt die Spannung nicht und läßt sich nach Hause fahren.

Mein Schwager legt die Hand auf meinen Oberschenkel, und als ich sie wegschieben will, flüstert er: »Ich sage dir, laß meine Hand da, oder soll ich etwa in den Puff gehen?« Als wir zusammen nach Hause gehen, macht er mir Avancen wie ein Minnesänger. Halb bin ich belustigt, halb tut er mir leid, und ich spüre, wie immer in solchen Situationen, die Macht, die eine Frau über den Mann hat. Das ist die Kehrseite des tugendhaften Puritanismus. In Sachen Sex hat die Frau die Hosen an, sie bestimmt, ob und wann was geschehen darf. Die Frau ist die eigentlich Dominierende. Und je prüder sie ist, desto mehr Macht kann sie ausüben, denn sie braucht »es« ja nicht. So kann eine Frau, die über wenig Triebhaftigkeit verfügt, fast uneingeschränkt tyrannische Macht ausüben, ganz legal, von der herrschenden Moral unterstützt.

Mein Schwager ahnt die Gefahr, in die er sich begibt, und zwischen seinen drängenden amourösen Avancen sagt er immer wieder: »Um Gottes willen, wenn du das deiner Schwester erzählst, dann bin ich für den Rest meines Lebens erledigt. Dann hab ich keine ruhige Minute mehr.« Ich beruhige ihn, verspreche, nichts zu erzählen, empfinde das Ganze auch als nicht so wichtig. Wie aber all dem ein Ende setzen? Ich reagiere – intuitiv – völlig systemimmanent, indem ich die Situation auf die Spitze treibe. Wir gehen in Nachbars Garten, der Vollmond scheint hell, taucht Büsche und Bäume und vor allem das Wasser des Swimmingpools in unwirkliches silbriges Licht. Und hier wirft er sich mir zu Füßen.

»Bleib liegen und zieh dich aus«, sage ich. Nichts geht schneller als das. Ich bleibe stehen. »So, und nun darfst du mir zusehen.« Ich lege einen Striptease hin, aufreizend schon durch die Verhaltenheit meiner Bewegungen, und setze zwischendurch immer wieder meinen Fuß auf seinen Brustkorb. Meines Schwagers Kommentare grenzen an überirdische Bewunderung. Als ich ganz nackt bin, immer noch stehend, öffne ich ein wenig, nur ansatzweise, die Schenkel, befehle: »Nun befriedige dich!« und springe mit einem Kopfsprung ins Wasser.

Am darauffolgenden Morgen putzt er alle Autos der Familie. »Siehst du, so was kriegt man gemacht, wenn man verheiratet ist und irgendwo hingehört.« Ach so, auf diese Weise dient er seiner Frau!

Meine Mutter, zwar nicht intellektuell, nicht belesen, aber eine herzenskluge Frau, bemerkt das alles. Sie sagt: »Weißt du übrigens, daß du deine Schwester in allem überrundet hast? Aussehen, Benehmen, Intelligenz, Wissen, paß nur auf, das wird sie dir nicht verzeihen. Und vor allem: Du hast das alles allein gemacht, ohne finanzielle Unterstützung durch das Elternhaus und ohne den Namen eines Ehemannes. Und außerdem, du bist ungebunden, frei. Paß also auf!«

Ich kann mir das nicht vorstellen.

Meine Schwester, schon mittags unter Alkohol, veranstaltet plötzlich – sie ist immerhin Mitte Fünfzig – meiner Mutter Dramen wegen zuwenig erhaltener Liebe in der Kindheit. Außerdem beschuldigt sie mich, ihre erste Ehe kaputtgemacht zu haben, was, wie wir beide wissen, wirklich nicht stimmt.

Meine Mutter leidet grauenhaft unter diesem Psychoterror, sie fällt förmlich in sich zusammen.

Meine Schwester droht, sich umzubringen, wenn ich ihr ihren Mann wegnähme.

Ich möchte endlich Urlaub haben, buche einen Rundflug, besuche allerorts alte Freunde, auch ehemalige Liebhaber.

Als ich nach Pretoria zurückkomme, werde ich in Johannesburg nicht vom Flughafen abgeholt wie besprochen. Das bedeutet hier einen wirklichen Schlag ins Gesicht, denn es gibt keinen Taxi-Service. Die Weißen kommen alle mit eigenem Auto nach Hause. Ich muß also den alten, ausgeleierten Bus nehmen. Die eigene Familie läßt mich sitzen – ein kälteres Duschbad kann es nicht geben.

Mein Schwager ist in der Schweiz zur Beerdigung des Vaters, meine Schwester nicht da. Ich stehe vor verschlossener Tür. Als sie endlich kommt, befiehlt sie mir, sofort mit ihr zu sprechen: »Aber sofort!« Worte, Stimme, Ton, all das kenne ich von früher. Will sie wirklich einen Machtkampf? Noch immer gehe ich nicht in die Konfrontation, ich hab's lieber friedlich, bitte sie, sich zu gedulden, bis ich mich frisch gemacht hätte. Sie wartet nicht, schwenkt ein Telegramm meines Schwagers, direkt nach der Beerdigung seines Vaters in Zürich abgeschickt. »Sag deiner Schwester, daß ich lediglich ihr akademischer Freund sei, mehr nicht.«

Ich verstehe nichts, will mich auf soviel Schwachsinn auch gar nicht einlassen, also packe ich meine Koffer mit den Worten. »Also, das reicht mir. Ich habe hier nichts mehr verloren. Außer, und das ist schlimm, meine Schwester.« Sie wird hysterisch, schreit herum, nennt mich Hure. Ich bitte sie, mir zwei Minuten lang Luft zu lassen, ich will nur packen und nie mehr zurückkehren. Sie hört nicht auf herumzuschreien. Da, endlich, knalle ich ihr eine. Mit Wucht. Gott sei Dank – endlich, nach so vielen Jahren! Rückzahlung! Rückzahlung von Demütigungen und Ohrfeigen aus der Kindheit. Es verschlägt ihr tatsächlich die Sprache. Momente nur, ausreichend, um endlich alles einpacken zu können. Mutter hat später diesen Moment als den wohltuendsten während der ganzen Szene empfunden.

Nun verlasse ich das Haus meiner Schwester, quartiere mich im teuersten Hotel der Stadt ein, wenn schon, denn schon. Endlich Befreiung. Und jeden Abend eine andere wunderbare Einladung.

Das Verhalten meines Schwagers verstehe ich immer noch nicht, ich grübele herum, wieso er so ein Telegramm geschickt hat. Hatte er am Ende Angst, ich würde meiner Schwester doch von unserer Nacht erzählen, und wollte dem vorbeugen? Aber ich habe doch mein Wort gegeben! Wie könnte ich als Theologin denn ein Beichtgeheimnis preisgeben? Ich verstehe nichts. So verdreht-neurotisch kann ich nicht denken.

Ich denke, das alles wird vorbei sein, sowie ich wieder in Deutschland bin, ich fahre zurück.

Aber meine Schwester hat keine Ruhe, und sie gibt

keine Ruhe. Vor allem zieht sie Mutter immer wieder mit hinein in unsere immer heftiger werdenden, nur noch schriftlichen Auseinandersetzungen. Und Mutter, die starke, lebenslustige, ganz aus dem Glauben lebende Frau, bekommt schwere Depressionen. Sie wird still, fast verbittert, zieht sich aus dem Dorfleben immer mehr zurück. Ein Jahr später stirbt sie unter schweren Qualen. Meine Trauer ist groß, doch alle meine Hinterlassenseinstränen münden in einen Satz, den einzigen Satz, der zählt. Wenn Gott die Liebe ist, dann ist Mutter jetzt bei Gott. Und: Ich glaube an die Auferstehung von den Toten. Und ein ewiges Leben.

Letzte Entscheidungen

Es gibt keine Zufälle, alles fällt uns zu, das weiß ich inzwischen ganz sicher, habe es oft erfahren.

Ich lerne eine junge Frau kennen, sie kommt zu mir, um über ihre Probleme zu sprechen. Sie erzählt von sich, und bald kann ich sie fragen, wieso ihre frühe Jugend so entsetzlich war, was die Sexualität betrifft. Der Vater, sagt sie, ein angesehener Geschäftsmann, habe sie vergewaltigt damals. Schon sehr jung sei sie ins Bordell gegangen.

Jetzt will sie aussteigen, nach mehr als zehn Jahren. Die Kolleginnen meinen, sie schaffe das nicht mehr, es sei zu spät. Sie will nicht in eine Therapie, sondern schnell Geld verdienen, einen Beruf haben. Bisher hat sie als Domina gearbeitet. Ich bin fasziniert von dem, was sie erzählt, will alles wissen, frage sie aus. Sie will mein Interesse kaum glauben, warnt mich immer wieder, mich mit dem Thema auch nur zu beschäftigen. Sie weiß ja nichts von meinen Erfahrungen mit meinem Freund, mit meinem Schwager. Sie sagt, nach spätestens vierzehn Tagen würde ich mich vor den Männern ekeln. Vor dem, was sie alles wollen, vor ihren Perversitäten.

Ich kann ihr das alles kaum glauben. Ich bitte sie, einen Kontakt herzustellen mit einer Frau, die bereit ist, mich, eine solide Mittvierzigerin, anzulernen. Es müßte eine offene Frau sein, eine mit Verstand, eine, die mich in diesen engen Kreis hineinläßt, die auch keine Angst vor den anderen Leuten aus dem Milieu hat.

Die Domina zögert, meint, ich solle das erst überdenken. Wir bleiben in Kontakt.

Warum fasziniert mich das so?

Eine Woche später, bezeichnenderweise Buß- und Bettag, nehme ich am Chiemsee an einem Seminar teil zu dem Thema: Menschen, die sich im persönlichen und beruflichen Umbruch befinden. Jeder tritt vor die Gruppe und faßt kurz zusammen, was bei ihm in den letzten Jahren beruflich abgelaufen ist. Daran will der Therapeut erkennen, wo jeweils der Punkt ist, an dem es hakt.

Ich erzähle kurz und knapp meine Geschichte mit der Kirche. Ganz cool, wie ich meine, da bekomme ich einen Weinkrampf – schreie heraus, daß ich in keine Kirche mehr gehen kann, daß mir das Glockenläuten noch immer Schmerzen bereitet. Am Schluß des Seminars macht der Therapeut – er ist Reinkarnationstherapeut, in Amerika ausgebildet – eine Sitzung mit mir allein. Ich komme schnell in die Meditation, das habe ich ja lang praktiziert. Dann bittet er mich, in der Zeitskala zurückzugehen, zu erforschen, ob irgendwo eine emotionale Bewegung sei. Da sehe ich einen Scheiterhaufen, ein Beil und sexuelle Folter. Mittelalter. Ich gehöre dazu. Sind meine ganzen Probleme doch noch nicht aufgelöst durch meine Beziehung zu *ihm*?

Ich bin nicht extrem, sondern ich will an die Wurzel. Das wollte ich ja schon immer. Und Wurzel – Radix – bedeutet doch Radikalität. Wie also komme ich an diese Wurzel heran?

Mit *ihm* spreche ich nicht darüber. Seit er mich verleugnet hat, erzähle ich sowieso nur noch wenig.

Noch bin ich im Zweifel, ob ich dieses Wagnis eingehen soll, da kommen noch mehr entscheidungsbildende Erfahrungen. Wieder in München, sehe ich mir den Scorsese-Film »Die letzte Versuchung Jesu« an. Mehrere Male. Vor allem mit Theologen. Wir diskutieren. Immer wieder wird im Film das kathartische Läuterungsthema deutlich. Mir wird klar. Um ganz zu Gott, ganz in die Liebe zu kommen, muß ich noch gründlicher gesäubert werden. Aber kann das helfen: mit meinen eigenen Abgründen konfrontiert zu werden? Soll ich also doch ins Bordell gehen?

Es gibt keine Zufälle.

Ich lerne einen Mann kenne, er ist Dozent an der Uni. Beim Essen erzähle ich von meiner Theologie, da werden seine Augen glasig: »Dann kannst du mir ja die Beichte abnehmen.« Ich schlucke. Werde aber neugierig. Ich wußte von einer Bekannten, daß er überall herumtelefoniert und Telefonsex sucht.

Als ich *ihm* davon erzähle, ermutigt er mich. Ich kaufe eine Reitpeitsche, bestelle den anderen gegen Mittag, er erzählt mir seine Geschichte. Als er vierzehn war, gab es da etwas mit seiner Mutter und seiner Tante. Diese Geschichte ist ständig präsent. Er ist verheiratet, hat Kinder, ein großes Haus, aber die Ehe besteht nur rein formal. Die Geschichte von damals läßt ihn nicht los. Ich spiele sie mit ihm durch. Als er gegangen ist, ruft *er* mich an. Er lacht. Ich bin immer noch im Zweifel, gehe zu einem Sexualtherapeuten.

Der Sexualtherapeut

Den Therapeuten hatte ich früher schon mal bei Bekannten getroffen. Als ich ihm von meinem Vorhaben erzähle, ist er Feuer und Flamme, sagt mir Unterstützung in Form einer sexualtherapeutischen Ausbildung zu. Als Gegenleistung soll ich versuchen, das Ganze von der theologischen Seite her zu durchleuchten.

Sein Projekt wird von einer namhaften Politikerin unterstützt, einer Frau, die ich sehr schätze. »Wir haben keine erotische und sexuelle Kultur«, hat sie einmal im

Fernsehen gesagt. Außerdem steht hinter dem Projekt ein Professor, der im Berliner Gesundheitswesen tätig ist.

Der Therapeut gibt sich als richtiger Intellektueller, mit Nickelbrille, und gebildeter Redeweise. Als ich ihn frage, warum er so seltsame Ledersachen trägt – aus Wehrmachtsbeständen –, gesteht er seine Depressionen und Suizidwünsche. Er möchte, angebunden im KZ, mit einem Schrotgewehr erschossen werden.

Nun bin ich es, die flieht. Gibt es denn nur noch Verrückte? Wieso darf so ein Mensch als Therapeut auf andere losgelassen werden, wenn er seine eigenen Sachen noch nicht durchgearbeitet hat?

Ich treffe die Ex-Domina wieder. Sie stellt den Kontakt her. Die Chefin sagt zu.

Lehre als Domina, Erstgespräch

Ich habe ziemlich viel Angst. Um dreizehn Uhr bin ich mit der Chefin verabredet, vor dem Eingang zur Herbertstraße. Wenn ich allein in diese Straße ginge, auf deren Eingangstor »Für Frauen verboten« steht, dann würde ich beschimpft werden, eventuell sogar mit Wasser beschüttet, hat sie gesagt.

Die Chefin kommt. Pünktlich. Turnschuhe, ein rosa Jogginganzug aus Fallschirmseide, ungeschminkt, die blonden Haare zum Pferdeschwanz zusammengebunden. Ich bin verblüfft, hatte mir das anders vorgestellt. Ganz freundlich und völlig »normal« reden wir, sie nimmt mir die Angst. Im Haus selber kommt mir eine freundliche Wirtschafterin entgegen. Ich bekomme einen Kaffee »aufs Haus«. Die Chefin ist ganz ruhig, redet, redet über ihre Erfahrungen. Ich höre, welche bekannten Männer hier ein und aus gehen und daß das verdiente Geld »Unzuchtsgeld« genannt wird. Mir gehen Augen und Ohren über, jetzt, wo alles so hautnah vor mir ist.

In diesen zwei Stunden Gespräch werden die Widersprüche unserer Gesellschaft für mich eklatanter deutlich

denn je zuvor. Ich denke an meine feministischen Schuld-
zuweisungsrunden während des Studiums und empfinde
sie wie einseitige provinzielle Kindergartenstunden.

Eingedenk des Gesprächs mit dem Sexualtherapeuten
spreche ich von dem Therapievorhaben. Die Chefin warnt
mich. Zuerst soll ich meine eigenen Erfahrungen machen,
erleben, ob ich mich für dieses Arbeitsfeld überhaupt
eigne.

Sie erzählt, um mich zu warnen, ein Beispiel. Eine
vierundzwanzigjährige Journalistin wollte auch angelernt
werden, um darüber zu schreiben, bekam aber nach vier
Tagen einen Nervenzusammenbruch. Sie schrieb eine
Titelgeschichte mit der Überschrift: »Die härteste Lehre
der Welt!«

Dann wird mir das »Atelier« gezeigt. Eine komplette
Folterkammer im ausgebauten Dachboden! Ich komme
mir vor wie in einem mittelalterlichen Museum, alles ist
vorhanden, eiserne Ketten, schwere eiserne Sklavenku-
geln, eine ganze Wand voller Ledersachen, angefangen
von der Augenbinde und dem Knebel bis hin zur nagelbesetzten römischen Sklavenhose. Circa dreißig unter-
schiedliche Peitschen sind säuberlich an Haken aufgehängt, von der sanften Sauna- oder Damenpeitsche bis
hin zur Neunschwänzigen und der schweren fünf Milli-
meter dicken und fünf Zentimeter breiten Lederklatsche,
für »hartnäckige Fälle«.

Es gibt aber auch Instrumente, die an die Psychiatrie
erinnern wie eine Lederzwangsjacke und eine verschnür-
bare Lederhängematte. An den beiden Stirnseiten des
Raumes stehen eine Streckbank mit knarrender Kurbel
und das Andreaskreuz mit den unterschiedlichsten Fesse-
lungs- und Aufhängevorrichtungen. Eine ganze Wand ist
verspiegelt. Gleich daneben ist der gynäkologische Stuhl.
Dazwischen etwas, das wie eine Laterne aussieht, für
»Toilettensex«. Dann werden mir noch der mit herunter-
klappbaren, nägelbesetzten Fußtritten und scharfen Kanthölzern versehene »Sklavenhocker« vorgeführt und das
abschließbare Joch, der Strafbock, Zaumzeug und Halfter,

Gummischürze, Schlachtermesser und die Gummiklei-
dung. Überall hängt und liegt der obligatorische Klein-
kram herum. Dildos, Gewichte für Brustwarzenbehandlung, Einmalspritzen fürs »Nadeln«, Katheter, Kerzen
und Streichhölzer für Wachsbehandlung. Zwei Regale
gibt es voller schöner, alter Damenunterwäsche. Perük-
ken und Schuhe für die »Erziehung«, Windeln und Trichter für Natursekt und Babysex. Gummibänder zum Abbinden der Hoden liegen da und jede Menge Desinfek-
tionsmittel, Verbandszeug, Heilcremes und Öle, Mund-
wasser, Körperspray und Gummihandschuhe. Für die
Vorbesprechung gibt es einen Tisch, einen Lederstuhl
und einen Lederchromsessel, letzterer natürlich für die
Herrin. Völlig verblüfft frage ich nach dem ungefähren
Wert dieser Einrichtung. »Nicht unter 60000«, bekomme
ich zur Antwort, »alles im Lauf der Zeit gesammelt.« Vor
allem die Ledersachen sind nach eigenen Entwürfen angefertigt worden. »Im Laufe der Zeit entwickelt jede Frau
ihre Spezialität. Die eine arbeitet vorzugsweise mit Elek-
troschocks, die andere hat die Zofenerziehung lieber, es
gibt auch Natursektfans. Die Prioritäten ändern sich auch,
entsprechend kann man sich auch nach und nach alles
anschaffen. Können sollte man jedoch alles.«

Jetzt erst merke ich, wie undifferenziert und verschwommen meine Vorstellung war. Unverhohlen be-
wundere ich die Chefin.

»Ja, man braucht schon großes handwerkliches Ge-
schick. Aber das ist erlernbar, einige anatomische Grund-
kenntnisse sollte man allerdings haben. Krankenschwestern sind übrigens gute Dominas, die scheuen fast vor
nichts zurück.«

Ich schlucke. Sie bemerkt es, fährt aber gleich fort.
»Was wichtiger ist, ist Phantasie. Und wenn du Theologin
bist, dann brauchst du nur dein Wissen über die Inquisition, Teufelsaustreibungen und so weiter zu aktivieren.
Eigentlich sind Theologen für diesen Beruf prädestiniert.
Ist doch alles schon dagewesen in der Geschichte! Dazu
kommt Improvisationstalent, und vor allem, aber das

wirst du lernen, brauchst du einen scharfen Blick für Menschen und natürlich Intuition. Du mußt genau wissen, ob das, was der Gast dir da sagt, stimmt, oder ob dahinter eigentlich ein anderer Wunsch verborgen liegt. Denn oft wissen sie selber nicht genau, was sie wollen. Und wenn du den Kern triffst, kommen sie wieder. Eine Domina lebt zu achtzig Prozent von Stammkunden. Und so einen Stamm muß man sich heranziehen!«

»Dann ist das hier also ein hochqualifizierter Dienstleistungsbetrieb?«

Sie lacht. »Das kann man wohl behaupten.«

»Es geht doch hier um Unterwerfungen. Ist das denn nicht auch gefährlich für die Frau?«

»Und ob. Viele lieben den Machtkampf, bevor sie unterliegen. Das kann zu Handgreiflichkeiten führen. Du mußt, wie in einem Krimi, sehr schnell sein. Zur Not gibt es eine Alarmanlage. Und versteckte Waffen.«

Alles wird mir gezeigt. Ich bin – fast – beruhigt.

»Aber die Davidwache ist ja auch noch da. Wir haben ein gutes Verhältnis zu den Polizisten.« Jetzt atme ich auf.

»So, meine Liebe, nun aber in die Praxis.« Mir zittern die Knie, als ich den »Koberraum« betrete.

Der Koberraum

Das Haus, in dem ich nun bin, hat zwei Zimmer mit je zwei Fenstern. An diesen Fenstern sitzen die Frauen auf Stühlen und bieten sich an. Eine Ware. Entwürdigend. Das werde ich nie können. Der Mann der Chefin kommt, beide lachen. »Was meinst du, wie sie das erste Mal gezittert hat, wie Espenlaub. Ich mußte sie regelrecht festhalten, auf ihrem Stuhl, damit sie nicht umkippte.« Die anderen Frauen sagen: »Da mußt du durch. Du bist jetzt eine von uns.« Dieses »Da mußt du durch« höre ich später noch sehr oft, verbunden mit verständnisvollen Berichten aus der eigenen Lehrzeit.

Rückblickend weiß ich, daß ich in keinem anderen Bereich meines Lebens so viel unterstützende Kamerad-

schaft erlebt habe wie hier, so lerne ich das Gemein-
schaftsgefühl von Soldaten verstehen. Alle sitzen in einem Boot, da geht es nicht ohne gegenseitige Unterstützung.

Ich stehe neben der Chefin, und sie macht mir das
»Kobern« vor, ich nenne es »Verkaufsgespräch«, denn so
empfinde ich es. Jede Frau hat ein Fenster und einen
Raum im Haus für eine Schicht gemietet (es gibt Tages-
und Nachtschicht. Schichtwechsel ist abends um zwanzig
Uhr) und muß dafür zahlen. Nach der »Platzhierarchie«
hat die Jobälteste den besten Platz.

Ich bekomme Magenkrämpfe.

»Wenn du so verkrampft aussiehst, wie willst du da
jemanden reinkriegen?«

»Aller Anfang ist schwer, meine Liebe. Aber wenn du
von der Pike auf lernst, wird dir nach einem Jahr, falls du
so lange durchhältst, niemand mehr was vormachen.«

Ich halte solange durch, trotz gegenteiliger Wetten.

Ich schaue zu

Jede Frau wird angelernt, auch die »Normalfrauen«, nicht
nur die Dominas. Ich bin überrascht. »Sex kann doch
jeder!« Da werde ich ausgelacht, und im Laufe der Zeit
muß ich einsehen, daß ich überhaupt nichts kann. Geilsein allein genügt nicht. Die sogenannten soliden Leute
haben ja keine Ahnung. Es fehlen Liebesschulen. Ich
merke, je nüchterner ich mit Sex umgehe, desto mehr
Spaß kann ich daran haben. Ich bin aber dazu erzogen
worden, Sex immer im Zusammenhang mit romantischen
Gefühlen zu sehen.

Ich merke, warum ich *ihn* so liebe. Auch er hat diese
nüchterne Sprache, die ich immer als hart und lieblos
empfunden. Er hat mich dafür als weltfremde Romantike-
rin bezeichnet. Er hatte recht: eine klare, nüchterne Sprache in Sachen Sex, die Enttabuisierung, ist überhaupt erst
die Voraussetzung zu wirklicher Liebe. Leider begreifen
das selbst langjährige Dauerkunden nicht. Die Chefin:

»Wenn es einer begreift, dann bringt er manchmal seine Frau mit. Wir lernen die Frau dann an.«

Die Chefin hat einen Gast, ich soll mitkommen. Ich habe schreckliche Angst. »Du brauchst nichts zu tun, nichts zu sagen, nur zuzuschauen.«

Zu ihm sagt sie. »Mach dir nichts draus, das ist eine Schülerin.« Die beiden kennen sich. Uwe ist auf Dienstreise und schaut mal wieder kurz vorbei. Er ist Wirtschaftswissenschaftler, sehr sympathisch. Seine private Beziehung ist im Moment etwas schwierig. Er würde seine Frau gerne mal mitbringen, hat aber Angst, daß sie seine Wünsche ablehnen würde.

Die Chefin weiß, wie man damit umgeht. Als er später in Ekstase ist, kurz vor seinem Höhepunkt, also, wenn die kritische Vernunft und der Kopf völlig ausgeschaltet sind, gibt sie ihm Befehle: »Wenn du wiederkommst, bringst du sie mit. Du wirst es schaffen, mit ihr darüber zu sprechen. Hast du verstanden?« – »Ja.«

Dunkel meldet sich etwas bei mir. Ist das nicht der Punkt, an dem *er* mich zur Sklavin gemacht hat? Brainwash-Methoden.

Etwas gestelzt gehe ich neben beiden her, als die Chefin ihn zum gynäkologischen Stuhl bringt, ihn dort festbindet. Etwas unsicher schauen er und ich uns an, als sie die Gewichte holt, die sie ihm dann an die Hoden hängt – »Reizverstärker«.

Nach der »Behandlung« besprechen wir dann zu dritt die Situation. Uwe gibt zu, sich unsicher gefühlt zu haben. »Man weiß ja nicht, was in dem anderen dann vorgeht und was du nun von mir denkst, wenn ich das hier so mit mir machen lasse. Das ist ja schließlich nicht so ohne, das Ganze.«

Wieder im Fenster, auf »Koberstation«, schaut mich einer an, schnell schaue ich weg. Wie peinlich, das Ganze. Er geht zur Chefin. Ein Anfänger, sie sieht das sofort. Sie nimmt mich gleich mit, seine Erziehung beginnt bereits im Hausflur. »Du gehst zuerst die Treppen hoch, du denkst doch nicht, du könntest uns von hinten anfassen?« Konsequent durchgehaltene Rolle, denke ich. »Stör dich nicht an ihr. Sie ist eine Schülerin.«

Bin ich, um Schülerin zu sein, nicht zu alt? Bald merke ich, daß das Altersproblem nur mein eigenes ist. Die Frauen sprechen immer wieder von Kolleginnen, die im Normalsex arbeiten und fünfzig Jahre und älter sind. Ich fasse es nicht, denn in meinen Vorstellungen geht das alles nur bis höchstens dreißig. Gelächter. »Ja, auch so ein allgemeines Vorurteil. Aber das Alter spielt überhaupt keine Rolle. Es ist deine Persönlichkeit, deine Ausstrahlung, um die es geht.«

Ich kann das anfangs nicht glauben, aber Gespräche mit älteren Frauen in der Straße sind überzeugend. Wenn doch alle Frauen »draußen« auch so ein phantastisches Selbstwertgefühl hätten!

Erster eigener Versuch

Jeden Tag werde ich mit anderen Aufgaben konfrontiert. Schminken, Kleidung, Sprache, Verhalten. Alles wird geschult, und das Verhalten am Fenster ist das Schwerste, das Entscheidendste. Um die potentiellen Kunden richtig einschätzen zu können, muß man sie genau studieren und auf viele verschiedene Dinge achten. Körpersprache, Gruppen- und Einzelverhalten, das Verhalten verschiedener ethnischer Gruppen (z. B. ein Inder kommt nie rein, ist aber neugierig, also Zeitvergeudung, ein Japaner zahlt gut, hat aber spezielle Wünsche, Türken wollen nur Fleisch sehen und so weiter). Es gilt Aufschneider, Aufgeiler und Anfänger voneinander zu unterscheiden. Selbst Verhaltenstherapeuten könnten hier noch einiges lernen. Viele den Frauen bekannte Männer werden mir gezeigt und dann die Geschichten dazu geliefert. So kann ich prüfen, ob meine Einschätzung richtig war.

Diese Ausbildung ist außerordentlich anstrengend, aber Voraussetzung für den finanziellen Erfolg. Ich bin denn auch heilfroh, daß alle Frauen hier gestandene Frauen sind und mehr als zehn Jahre im Geschäft. So habe ich die beste Schule. Wieder mal. Am Fenster zu sitzen ist also kein bloßes Herumsitzen. Es stellt sich als mühsamer heraus als die Arbeit »oben«.

»Das nächste Mal mußt du aber endlich selber mit ran«, sagt die Chefin. Bisher hab ich nur zugesehen, hab höchstens hin und wieder assistiert, indem ich Dinge zugereicht oder Handgriffe gelernt habe. Trotz vieler aufmunternder Blicke habe ich nie aktiv mitgemacht, auch keine Phantasie entwickelt, es war mir nie etwas eingefallen. Ich kam mir immer wie ein Stockfisch vor, so wie als Kind beim Turnen. Beim Geräteturnen habe ich immer Angst gehabt, bin stets hingefallen, habe mich laufend verletzt. Dann habe ich heimlich geübt. Der Preis damals: vor den erstaunten Augen der Lehrer eine Siegerurkunde.

Die Chefin sagt: »Der entscheidende Punkt ist das Schmerzzufügen. Um zu wissen, ob du in diesem Beruf überhaupt arbeiten kannst, mußt du wissen, ob du erkennst, wann einer wirklich Schmerzen hat. Und noch weiter, ob du selber Schmerzen zufügen kannst. Und zwar so, daß es den Gast hochpeitscht. Das heißt, du mußt herausfinden, ob dir Schmerzzufügen erotischen Spaß bereiten kann. Denn du darfst nie wirklich grausam sein, du mußt erotisch sein.«

So schwierig habe ich mir das nun auch wieder nicht vorgestellt. Die Chefin sagt weiter: »Ich habe eine Anmeldung, einen alten Bekannten, den ich von ›normal‹ mit rübergenommen habe, als ich auf ›Stiefel‹ umgestiegen bin. Es ist nicht so schlimm, wenn du was falsch machst. Ich warne dich aber. Er ist schon etwas älter und ziemlich häßlich. Beobachte dich selber genau, achte vor allem auf eventuelle Ekelgefühle. Wir müssen alles hinterher besprechen. Bleibt da was hängen, dann kann es dich die Fähigkeit, hier zu arbeiten, kosten.«

»Und was soll ich jetzt machen?«

»Er hat eine Besonderheit, wie eigentlich jeder Gast seine eigenen Wünsche hat, die sich im Laufe der Zeit herausarbeiten. Es ist ein Stichwort, alles andere läuft dann wie von selbst. Du bekommst Anweisungen.«

Ich bin gespannt. Meine Hände sind schweißnaß vor Aufregung. Das Vorgespräch über die Wünsche des Gastes findet auf den schwarzen Lederchromstühlen statt, in der Stimme der Chefin höre ich das erste Mal einen scharfen, herrischen Ton. Der Mann hat einen ziemlichen Hängebauch und schon ganz harte Brustwarzen von den vielen Behandlungen. Trotzdem empfinde ich ihn nicht als häßlich. Wohnt nicht in jedem Menschen der Schöpfungsfunke Gottes? Nach dem üblichen Abbinden der Hoden bekommt er als erstes die Sklavenhose aus Leder umgebunden, die innen mit feinen Nägeln besetzt ist. Danach den BH aus Leder, auch mit feinen Nägeln ausgestattet, die Brustwarzen bleiben frei für die Behandlung. Über alles kommt das Korsett, damit die ganze Montur auch schön fest sitzt. Er kennt inzwischen alle Instrumente hier. Früher kam er wöchentlich, zahlte viel Geld. Jetzt wird er zweimal im Monat zum Mindestsatz als »Treueprämie« behandelt.

Und nun erlebe ich eine erste Brustwarzenbehandlung. Die Chefin hatte mich vorgewarnt, gesagt, daß das sehr schmerzhaft sei. Sie legt ihm Klammern an, die mit einem Lederband und einer Kette so verbunden sind, daß sie sich immer fester ziehen, ein Mechanismus wie bei bestimmten Hundehalsbändern. Nun zieht sie – er schreit – er muß hinter ihr hermarschieren. Und so führt sie ihn mir vor. Ich kann zuerst nicht hinsehen, da sie aber dabei lacht, als sei nichts, geht es nach einer Weile. Nun muß er sich auf den Hocker mit den Kanthölzern setzen, und ich merke, wie ich selber schlucken muß. Immer wenn er jammernd sagt: »Das tut weh!«, muß ich sagen. »Nein, das tut gut.« Es tut nämlich wirklich nicht weh, ich hab das vorher ausprobiert. »Das tut weh!« – »Das tut gut!« Meine Stimme wird lauter, ich bekomme einen anerkennenden Blick von der Chefin. Nun zieht er sich seine Stöckelschuhe an, die hier stehen, geht damit ans Andreaskreuz, wird nur mit den Handgelenken gefesselt, die Füße mit den Stöckelschuhen bleiben frei. An die Brustwarzenklammern werden nun Gewichte gehängt – je zwei –, ein Gewicht von hundertfünfzig und eines von zweihundert Gramm.

»Mehr kann man kaum machen«, sagt die Chefin, »sonst reißen die Brustwarzen eventuell ab. Und bei mir geht niemand blutend raus. Jetzt nicht mehr, schon lange nicht mehr. Als Anfängerin schießt man leicht übers Ziel hinaus.«

Als die Gewichte hängen, schreit er wie ein Stier – eine Klammer gleitet ab, nun ist er wirklich in Panik. »Was habt ihr gemacht, ihr geilen Nutten, meine Brustwarze ist abgerissen.« Die Chefin – nun ernst, in »normalem« Ton – beruhigt ihn. »Nein, nein, es ist nichts passiert, wirklich nicht.«

Ich bin bei seiner Beschimpfung schneeweiß geworden. Aber sofort geht es weiter in der Behandlung. Ein Kilogewicht wird an die Hoden gehängt und dann hin- und hergeschwungen. Mit den dazugehörenden Bemerkungen. Da wird er wild und beschimpft uns wüst. Wieder verschlägt es mir den Atem, ich hab das Gefühl, einen Tiefschlag versetzt bekommen zu haben. Wäre ich allein, hätte ich hier wohl wütend Schluß gemacht. Ich weiß ja noch nicht, daß das zum Spiel gehört. Die Chefin sieht sofort, was mit mir los ist, sie reagiert. Mit den Fingernägeln greift sie in seine Seite und in die Innenschenkel, sie ohrfeigt ihn. »Meinst du, mit deinem Benehmen machst du Heidi Spaß? Und zu unserem Spaß und für unsere Geilheit bist du schließlich hier, merk dir das. Mit diesem Getue kannst du sie nicht geil machen. Da mußt du schon mehr bringen.« Und dann spuckt sie ihm ins Gesicht, fordert mich auf, es auch zu tun. Mir ist fast schlecht, ich möchte am liebsten weglaufen. Ich zögere, er sagt: »Los, mach schon.« Die Chefin nickt. Ich hab in meinem ganzen Leben noch niemals jemanden angespuckt. Ich versuch's, aber es gelingt mir nicht. Der Blick der Chefin sagt. »Wiederholen! Etwas besser!« Er säuselt dabei: »Aah, ja, ah, ja, ich weiß, was ihr von mir wollt, ich bin euer Sklave, ich soll für euch tanzen.« Und er tanzt auf seinen Stöckelschuhen, festgebunden am Andreaskreuz. Bizarr, das Ganze. Die Chefin: »Ja, das ist schon viel besser.«

Ich begreife: Sein Widerstand bricht, und darum geht es hier. Er wird zur Hingabe gezwungen. Ich hab grad noch Zeit, die konsequente Haltung der Chefin zu bewundern, da merke ich, wie in mir ein Tier heranwächst, mein eigenes inneres Tier wird wach! Um Gottes willen – es ist nicht aufzuhalten – ich brauche keine Anweisungen mehr. Nun schreie ich ihn an. Meine Augen glänzen, das fühle ich: »Ja, richtig, unser Sklave bist du, gut, gut so, mach weiter, tanz, das lieben wir!« Und dabei wird immer wieder das Hodengewicht angestoßen, so daß es hin- und herschwingt. Ich spucke ihn an, aus Herzenslust. Ich komme in Ekstase. Auch der Gast ist fast in Ekstase, die Schreie, die Augen. Dann das Stichwort. »Was möchtest du jetzt, hm? Eine Novizin vielleicht?«

Er schreit: »Ja, ja!«

»Vielleicht mit einem schönen runden Arsch, hm?«

»Ja! Ja!«

Lautere Stimmen: »Und was machst du mit ihr?«

»Ich... ich... ficke in sie hinein.«

»Wo hinein? Sag's.«

»In ihren Arsch!«

»Ja, tu's doch, ja, tu's doch.«

Wir stehen vor ihm, wie zwei zum Sprung bereite Panther, feuern ihn an. Brüllend bekommt er seinen Orgasmus. Heiß ist mir geworden, glänzende Augen hab ich, und schweißnaß bin ich. Zum erstenmal hat das richtigen Spaß gemacht. Zum erstenmal ist die Angst, etwas verkehrt zu machen, weg. Ich habe die Angst vor meinen eigenen inneren Tier überwunden.

Als wir runterkommen, werden wir gefragt, was wir mit diesem Gast denn gemacht hätten. »Der hat ja geschrien wie am Spieß«, sagt die Wirtschafterin.

»Das war eine sogenannte Urschreitherapie, meine Liebe!« sage ich, ich, der Neuling, ich der Grünschnabel, der Lehrling! Ich bin über meine eigene Lockerheit und Souveränität überrascht, fast erschrocken. Dennoch. Was für ein Tag! Ich fühle mich glänzend.

Die Chefin sagt abschließend: »Du hast gute Anlagen. Du eignest dich.«

Das höchste Lob.

Dann, lachend zu den Frauen: »Nun seht sie euch an, unsere aggressionsgehemmte Theologin. Nun hat sie Blut gerochen! Seht euch ihre Augen an!«

Ich fahre nach Hause.

Nach München.

Wie geht es weiter? Wie wird *er* reagieren?

Und er?

»Zwei Nächte im Monat, das ist mir zu wenig«, sage ich.

»Es ändert sich nichts«, antwortet *er*.

Schon oft hab ich aus seinem Munde diese Worte gehört. Früher machten sie mich traurig, jetzt werde ich ärgerlich. Wer, bitte schon, ist *es*?

Es kann natürlich nichts ändern, höchstens *er* oder ich kann etwas ändern. Berufe ich mich aber auf dieses numinose *Es*, auf eine übergeordnete Instanz, dann schiebe ich damit lediglich die Verantwortung für die Geschehnisse ab. Warum ein kluger Mann so einen Satz formuliert, wird mir immer ein Rätsel bleiben.

Daß mir die »Lehre« im Puff Spaß gemacht hat, will *er* nicht hören. Also schreibe ich meinen Bericht und gebe ihn ihm. Er fragt, wer ihn noch gelesen hat. »Nur du.«

»So ist es recht.« Das ist alles, der einzige Kommentar! Jetzt erst fällt mir auf, wie ichbezogen er ist. Unglaublich! Es interessiert ihn nicht die Bohne, was das alles für mich bedeutet hat. Er ignoriert das einfach alles! Er schläft den seligen Beziehungsschlaf aller Workaholics. Lebendiges Abbild eines Henry Higgins. Er begreift nicht, wie ernsthaft ich das Weggehen erwäge.

Und dann soll ich ihm noch eine Sklavin besorgen. »Für uns beide«, sagt er. Ich wünsche das auch, finde, daß seine Umarmungen zu großartig für einen einzigen Menschen sind. Eine Freundin, die von allem, was ich tue, wie magnetisch angezogen ist, aber nichts davon erlebt, läßt sich begeistern.

Er will sie alleine kennenlernen. An dem Tag, als ich ihn zu ihr schicke, sitzt und sitzt er beim Frühstück herum, sagt kein Wort, geht und geht nicht. Als er endlich an der Tür steht, sage ich: »Nun geh zu ihr. Sie hat noch nie einen richtigen Orgasmus gehabt. Nur du kannst das machen.« Er sieht sehr traurig aus. Aber er sagt nichts. Will er am Ende gar nicht? Was hab ich da bloß eingefädelt?

Ich weiß, er liebt mich.

Hab keine Angst, du verlierst ihn nicht. Mehr Vertrauen kannst du ihm nicht entgegenbringen, das sagt mein Verstand. Und mein Herz? Bang ist es, sehr bang. Verletzbar. Die Stunden ziehen sich hin, dann ruft er an, sagt mürrisch: »Aktion abgeblasen.« Sie hatten sich in einem Lokal verabredet, sie war nicht gekommen.

Ich rufe sie an. »Er wollte mich gleich zu sich nach Hause haben, er ginge nicht gern aus. Nee, nee, nicht so schnell mit mir, erst mal soll er was bezahlen. Außerdem, wenn ich zu ihm gehen würde, dann ließe ich mich nicht wie du mit Sekt abspeisen, bei mir muß er Champagner rausrücken.«

Ich kenne ihre hohen Ansprüche in dieser Beziehung an die Männer – sie werden meist ziemlich zur Kasse gebeten. Anschließend kneift sie.

Wird er dieses Spiel mitmachen? Weder er noch sie sprechen darüber.

Ich frage ihn danach. »Das geht dich gar nichts an. Frag sie doch selber.« Kurz, abweisend. Mein banges Herz wird wund. So eine Aussage zeugt ganz klar von einem Bündnis zwischen ihm und ihr.

»Für uns beide« – das hatte er doch gesagt! Ich hatte ihm vertraut!

Ich frage sie, so demütigend das für mich auch ist. Und dann erzählt sie mir, daß er sie so oft anrufe, daß sie sich per Telefon schon duzen, daß sie einige Male schon länger als eine Stunde miteinander telefoniert hätten! Bei mir hat er nie Zeit!

Eines Wochenendes, er ist wieder einmal weg, sagt sie mir alles. Natürlich haben sie sich getroffen, natürlich sind sie miteinander spazierengegangen. Und auf ihren Einwand, sie wolle nicht »drittes Rad am Wagen« sein, habe er geantwortet: »Ach, das mit Heide-Marie, das ist nur eine lose Beziehung für mich.« Und sie erzählt von seinen ständigen Versuchen, sie zu sich nach Hause zu holen.

»Für uns beide«, hatte *er* gesagt. Ich hatte ihm vertraut. Nur eine lose Beziehung! Mein Herz! Ich bekomme keine Luft mehr.

Nach diesem dicken Brocken tischt sie mir noch ein Dessert auf: »Ja, er war sogar bereit, einen Pommery kalt zu stellen, wenn ich käme. Ich hatte ihn soweit. Ich bin trotzdem nicht hingegangen. Er ist nicht mein Typ. Für dich gibt es nur Sekt, der liebt dich nicht, der nutzt dich nur aus. Und du machst dich zu billig für ihn. Du solltest ihn wenigstens ordentlich zahlen lassen. Er ist doch dies Wochenende bestimmt mit der anderen weg, während du hier alleine herumhängst. Sonst hätte ich dir das Ganze auch nicht erzählt. Mit ihm hätte ich das gleiche Schicksal wie du, dazu bin ich mir zu schade.«

Er hat also mitgespielt! Und nicht nur das. Er hat die Lager gewechselt.

Ich kann es nicht fassen. Fahre sofort die fünfzig Kilometer zu ihm – Sonntagnachmittag –, tatsächlich, seine Wohnung ist verriegelt, das Auto der anderen steht vor der Tür. Montag wird er mir erzählen, er sei zu einem Lehrgang gewesen!

Bei der Rückfahrt fahre ich diesmal nicht gegen die Leitplanken der Autobahn, aber in der Tiefgarage das Garagentor ein. Verrat – das zweite Mal.

Jetzt ist wirklich Schluß – nie wieder werde ich ihm vertrauen können.

Eine weitere Sklavin wollte er haben, für uns beide.

Auch in einem Herr-Sklaven-Verhältnis gibt es Regeln.

Mir fällt ein Erlebnis ein, das ich vor mehr als zwanzig Jahren hatte, als ich per VW-Bus fünf Monate lang von Südafrika nach Europa gefahren bin. Im Atlasgebirge brach uns der Motor fast auseinander. In einem kleinen Dorf fanden wir bei einer Familie Unterschlupf, im Stall reparierten wir das Auto. Der kleine Clan bestand außer einem Rudel Kindern aus fünf Frauen und einem Mann. Sie lebten nach den Gesetzen des Koran. Eine der Frauen holte mich ins Haus, nahm ihre vielen Schleier ab – eine wunderschöne Frau –, und mit Zeichensprache und Französischbrocken erklärte sie mir das Beziehungs- und Geschlechtsleben dieses Kleinharems. Alles ist genau geregelt, bevorzugt der Herr eine Frau mehrere Nächte hintereinander, müssen die anderen Frauen mit Geschenken abgefunden werden. Sie zeigt mir ihre Geschenke, aber viele hat sie nicht, offenbar ist sie die bevorzugte Frau. Ein Kind kommt, ruft etwas, sie verhüllt sich, schiebt mich durch den Hintereingang hinaus. Der Herr kommt. Abends lädt er uns zu einem großen Essen ein. Einen Satz des Gespräches hab ich in genauer Erinnerung: »Ihr Christen habt es gut. Ihr braucht nur eine Frau zu haben.«

Eine weitere Sklavin wollte er haben! Wenn alles gerecht zugeht, bin ich einverstanden. Da es keine äußere Regeln für Derartiges bei uns gibt, muß das Gesetz des Herzens regieren.

Mit seinem »Frag sie doch selber« zeigt er an, daß er die Lager gewechselt hat. Beim Militär werden Überläufer erschossen.

Als er mir zusätzlich Vorhaltungen macht, Grundsatzdiskussionen über Ethik beginnt – er wirft mir vor, daß ich für meine Lebensberatung, ein kleines Zubrot, die Sozialhilfe deckt gerade Miete, Strom und Telefonkosten ab, keine Steuern bezahle –, da empfinde ich das als unbeschreibliche Arroganz. Das Wort Ethik aus seinem Munde klingt für mich wie Verrat.

Das Geschehene zeigt mir, daß er mit der Macht, die ich ihm über mich gab, und mit diesem absoluten Vertrauen, das ich ihm schenkte, als ich ihn zu der Freundin schickte, nicht umgehen kann. Er hat unser Konzept verlassen, die Probe nicht bestanden.

Großzügigkeit und Vertrauen werden Opfer von Machtspielchen und Willkür.

Dieses Geschehen gibt den letzten Ausschlag für mich zu gehen. Ich schreibe beiden einen Brief zu Weihnachten, indem ich ihn ihr und sie ihm zum Weihnachtsgeschenk mache.

Es ändert sich nichts. Also ändere ich etwas und verschwinde Richtung Hamburger Herbertstraße.

Ich vermiete meine Münchener Wohnung.

In Hamburg ziehe ich zu einem dreiundzwanzig Jahre jüngeren Mann, Unternehmensberater und Sklave mit viel Erfahrung. Ein Spatz in der Hand ist besser als die Taube auf dem Dach – denn die könnte sich bei näherem Hinsehen als Eule entpuppen.

9

Die Herbertstraße. Domina Alexa

Der Kiez, meine neue Heimat

Der Kiez ist nun meine Welt.

Nach dem zweiten, dritten Besuch holt die Chefin mich nicht mehr am Eingang der Straße ab: »Das kannst du jetzt allein. Man kennt dich schon.« Dennoch habe ich immer wieder Angst, die Grenzen dieser Welt zu überschreiten. Hier herrschen Gesetze, die ich noch nicht kenne. Wie gut, daß mir die Frauen immer wieder bestätigen, daß es ihnen anfangs genauso ergangen ist. »Da mußt du durch, du bist jetzt eine von uns.« Ich habe Angst vor Aggressionen, vor den Beschimpfungen der Frauen, vor den Zuhältern, den »Luden«, falls die mich rausschmeißen wollen.

Einmal komme ich von der anderen Seite in die Straße als bisher immer, da wird ein Mann fast handgreiflich. Zum Glück habe ich schon ein gewisses Straßenvokabular aufgeschnappt, das probiere ich nun aus: »Du geiler, besoffener Bock, du. Mach gefälligst deine Augen auf, bevor du hier pöbelst. Kannst wohl noch immer keine solide Fotze von 'ner Professionellen unterscheiden?« Und da – entschuldigt der sich doch tatsächlich! Erfolg! Eine Stunde später weiß es die ganze Straße, daß der »Einholer« 'ne Frau angemacht hat und die ihn hat abblitzen lassen. »Einholer« gehören in der Straße einfach dazu. Sie machen Besorgungen und freuen sich über das Trinkgeld, das die Frauen ihnen geben.

Die Chefs in dieser Straße sind Frauen. Manche leben mit Männern zusammen, die Luden sind. Die haben dann ihr Revier außerhalb der Herbertstraße oder Puffs in anderen Städten. Und haben oft auch hier bei uns das letzte Wort – wie sollte es in unserer patriarchalisch strukturierten Gesellschaft auch anders sein!

Meist arbeiten die Chefinnen mit, sind also Kolleginnen und haben Verständnis für unsere Probleme. Wenn mal die Hausmiete auf den »Block« gesetzt, also angeschrieben werden muß, dann ist das kein Drama, die Chefin weiß ja, daß jede mal einen schlechten Tag haben kann. Für die Miete bekommt man während seiner »Schicht« ein Fenster und ein Zimmer. Zuerst sitze ich am Fenster vier, direkt neben der Aschentonne und ziemlich im Dunkeln. Das paßt mir gar nicht. »Du mußt dich hocharbeiten«, heißt es, »jede Neue kriegt diesen Platz.«

Und dann erzählt mir jede Frau ihre Anfangsgeschichte im Haus auf diesem Platz und ob und wieviel sie dort verdient hat. Im Laufe des Jahres rücke ich bis auf Platz zwei hoch, wenn die Kollegin von Platz eins ein freies Wochenende macht, sogar auf Platz eins.

Ob ich Tag- oder Nachtschicht machen will, werde ich gefragt. »Das mußt du ausprobieren«, sagen sie, »es gibt nämlich einen Tag- und einen Nachttyp.« Also mache ich in der ersten Zeit zwei Schichten, bis sie entscheiden, daß ich ein Nachttyp bin. Sofort werden meine Komplexe wieder wach: »Wagt man sich nur nachts zu mir, weil ich sonst zu alt aussehe?« Sie lachen mich aus: »Du hast tags nicht die richtige Ausstrahlung. Vielleicht bist du auch zu gehemmt tagsüber, um Gäste hereinzuholen.« Stimmt.

Jetzt lerne ich auch selbst eine Frau kennen, eine Witwe, die weit über Fünfzig ist und auf »normal«, als Tagfrau arbeitet. Mittags um eins hat sie schon vier bis fünf Gäste gehabt, obwohl sie erst gegen elf Uhr anfängt. »Die Jungen haben zuwenig Ahnung, wie man das macht«, sagt sie lachend zu mir, »meine Gäste wollen Qualität. Kein junges Gemüse.« Und während sie mit mir spricht, fixieren ihre Augen schon wieder einen potentiellen Gast, der bleibt stehen, kommt rein. »Siehst du, auch das können die wenigsten Jungen.«

Frauen wie wir, die *in* der Straße arbeiten, also im Haus

sind, das heißt privilegiert, können sich mit der Chefin in bezug auf ihre Arbeitszeit schon mal arrangieren. Hat man zum Beispiel einen schlechten Tag oder schon gut verdient, hört man, wenn man Lust hat, auf. Wir verstehen uns denn auch eher als selbständige Geschäftsleute. Viele haben sich ihre Zimmer hier sehr persönlich und geschmackvoll eingerichtet.

Ich bin im allgemeinen von abends um acht bis nachts um zwei hier, hin und wieder bis vier. Andere Arbeitsbedingungen haben die Frauen, die außerhalb des beschützten und privilegierten Bereiches, die *auf* der Straße stehen. Sie müssen mindestens acht Stunden arbeiten, darauf achtet der Lude, der Zuhälter. Jeder Frau wird ihr »Revier« vom Luden zugewiesen, und wer das nicht respektiert, bekommt Schwierigkeiten.

Natürlich verlieben sich viele Frauen in ihre Luden, in den Mann, der sie beschützt und für sie sorgt. Der Lude garantiert Sicherheit. Einige leben auch mit ihnen zusammen, sie sprechen von ihnen als »ihren Männern«. Es dauert eine Weile, bis ich verstehe, daß der Ausdruck »mein Mann« sich auf den Jenigen bezieht, mit dem man gerade lebt. Ob verheiratet oder nicht, ist dabei unwichtig. Und es gibt nur »Zoff«, wenn der Mann mit zwei oder mehreren Frauen gleichzeitig poussiert. Tränen, Trennung, Versöhnung sind die Folge, ein Drama, das sich dauernd wiederholt.

Ich mache Bekanntschaft mit Luden, ohne sie als solche zu erkennen. Zwei Männer kommen ans Fenster, ziemlich aggressiv, hauen mit der Faust ans Glas. Ich öffne, einer fragt: »Ist Dodo hier?« – »Nein.« – »Wo ist die denn?« – »Das geht euch gar nichts an.« Da schreit der los: »Laß mich sofort herein, ich will selber nachsehen!« Ich setze mich in Positur, ganz gerade hin, schaue ihn von oben herab an, antworte: »Meine Herren, nicht so. Und nicht in diesem Ton. Wenn Sie nicht sofort verschwinden, dann hole ich die Polizei.« Da stutzen sie und ziehen ab.

Sofort kommt vom anderen Koberraum eine Kollegin, ganz aufgeregt: »Weißt du, daß das zwei Luden waren?«

»Nö, woher soll ich das denn wissen?«

»Wie bist du die denn losgeworden?«

»Ich hab ihnen gesagt, daß mir ihr Benehmen mißfällt.«

Da hört sie gar nicht auf zu kichern und perplex den Kopf zu schütteln.

Noch ein weiteres Erlebnis habe ich gleich im ersten Monat und verhalte mich auch hier naiv wie eine Anfängerin, aber zum Glück richtig.

Obwohl ich kaum jemanden in der Straße kenne, hat es sich in Windeseile herumgesprochen, daß in Haus 7b eine Theologin arbeitet. Auf »Stiefel«. Die will man kennenlernen. Eine Kollegin sagt: »Ein guter alter Bekannter von mir will unbedingt zu dir, zur Theologin.« Und dann kommt ein sehr gutaussehender Mann, Mitte Dreißig, mit viel Erotik in Gang und Haltung und übertrieben selbstsicher im Auftreten. Das werd ich ihm schon austreiben!

Im »Salon«, dort hängen übrigens einige Bilder von Tomi Ungerer, der über dies Haus ein Buch gemacht hat, beginnt sofort der verbale Kampf. Er will mich nicht zum Champagner, sondern zum Kakao einladen, das passe doch besser zu mir als Theologin. »Und dann werd ich dich...«

»Das ist hier noch sehr die Frage, wer hier wen«, sage ich, und als er nur weiter herumplänkelt, werde ich schließlich resolut: »Also, entweder du kommst jetzt mit hoch, und ich behandle dich, oder du verpißt dich besser, ich muß ans Schott, Geld verdienen.« Da steht er auf und geht, ohne sich noch einmal umzudrehen.

Ein paar Tage später gehe ich in eine Kneipe direkt außerhalb der Straße. Die Wirtin, eine sehr schöne, junge Frau schenkt ein, »aufs Haus, für unsere Theologin«. Ich staune, frage, was das bedeutet, und erfahre, daß der »Kunde«, der bei mir war, ihr Mann ist und ihr Lude. Ich hab nichts mit ihm angefangen, das weiß sie zu würdigen. Ich muß lernen, daß hier nichts verborgen bleibt.

»Stiefelfrauen«, also Dominas, stehen in der Hierarchie über den »Normalfrauen«. Als ich die Lehre gemacht habe, war mir das nicht so bewußt geworden, denn die fand ja völlig außerhalb des hiesigen sozialen Kontextes statt. Jetzt aber bekomme ich Ärger. Jeder hätte hier schließlich auf normal angefangen, sagen sie, und nur, weil ich Akademikerin sei, hätte ich noch längst nicht das Recht, die Stufen zu überspringen, und was Besonderes könnten sie hier nicht gebrauchen. Die Chefin deckt mich. Aber der Ärger kocht weiter.

Also arbeite ich, nachdem die Chefin mich angelernt, mir ihre Erfahrung weitergegeben hat, einige Zeit auf »normal«. Danach kann ich tun, was ich will, die Spielregeln sind eingehalten worden.

Mit der Polizei leben wir in guter Nachbarschaft. In der Nähe der Davidwache fühlen wir uns sicher. Prostitution ist zwar nicht erlaubt, aber geduldet. Und in der Hafenstadt Hamburg gibt es eine lange Tradition.

Auch einige Taxifahrer gehören »dazu«. Sie holen die Frauen direkt vom Haus ab und bringen sie sicher überallhin, auch zu Gästen.

Als ich zum Beispiel nach Blankenese gebeten werde, bringt einer von ihnen mich hin, wartet, bis der Gast öffnet, läßt sich das Taxigeld geben und fragt, wann er mich wieder abholen soll. Ich weiß, ich kann mich auf ihn verlassen. Bei solchen Besuchen müssen wir, aus Gründen der Sicherheit und der Kontrolle, im Haus anrufen, sobald wir angekommen sind. Dann weiß die Wirtschafterin, daß alles in Ordnung ist, und ruft stündlich zurück. Wenn der Gast eine Geheimnummer hat, müssen wir jede Stunde anrufen, sonst wird die Polizei verständigt. Wenn eine Frau länger bleiben will als verabredet, so ist das »privat«, und sie meldet sich ab. Das Haus hat dann keine Verantwortung mehr. Das überlegt man sich zweimal, denn bei dem, was wir tun, kann man nie im voraus sagen, ob wir lebendig wieder nach Hause kommen.

Zum erstenmal seit Jahren fühle ich mich sicher und aufgehoben.

Ich entspanne mich und lebe auf. Hier auf dem Kiez

geschieht mir nichts. Habe ich gegen Morgen Feierabend und manchmal viel Geld in der Tasche, wird mir niemand etwas stehlen. Wer sollte das auch tun? Gäste? Die wagen es nicht, fürchten die Polizei. Ein Lude? Er wird einer Frau nie etwas wegnehmen, man sitzt ja in einem Boot. Und die Mädchen, die noch rumstehen? Auch die sitzen in demselben Boot.

Wenn ich gut verdient hab, gehe ich noch in ein Restaurant und leiste mir Scampi. Auch hier kennt man mich, macht nie eine Andeutung, solange noch »solide« Gäste da sind, bedient mich aber besonders gut und reichlich.

Eine Zeitlang wohne ich sogar im Haus, was nichts Ungewöhnliches ist, denn wenn die Frauen Zoff mit ihren Männern haben, bleiben sie alle schon mal hier.

Morgens wache ich auf vom Singen der Putzfrauen und vom Kläffen der Hunde, die die Frauen ganz besonders lieben. Ein ganz eigener Friede umgibt mich. Es scheint nichts zu geben, was gegen mich verwendet werden könnte, solange ich mich an die geltenden Regeln halte. Hier kommt kein Mann herein, es sei denn als Gast. Hier gibt es keinen Verrat durch einen Mann, den ich liebe. Hier gibt es keine Verleumdung durch die Institution Kirche. Hier liegt alles offen und ehrlich auf dem Tisch. Hier sind Freund und Feind bekannt. Hier weiß ich, wo ich stehe. Das »Freudenhaus« ist für mich zum »Frauenhaus« geworden. Ich fühle mich beschützt. Ich fühle mich geborgen.

Identität als Hure – Berührungsängste

Ich bin also nun »ins andere Lager« gewechselt, arbeite als Hure. Und nachdem ich meine Berührungsängste dort, *in* der Straße, im engsten Kern also, verloren habe, überlege ich mir, wie andere wohl auf Menschen mit meinem neuen Beruf reagieren.

Als ich für ein paar Tage in München bin, einer mir vertrauten, »soliden« Umgebung also, stelle ich mir vor, wie die resolute Bäckersfrau, die mir hier das Brot verkauft, wohl reagieren würde, wenn sie wüßte, daß ich eine Hure bin. Besonders freundlich bestimmt nicht. Oder die Nachbarn im Haus, die noch immer humorvoll »Grüß Gott, Hochwürden« sagen, einen Riesenschreck würden sie bekommen. Oder die Kassiererinnen im MiniMarkt in dem ich täglich einkaufe, von oben herab würden sie mich behandeln.

Als ich mit einem Taxifahrer so spreche wie mit den unsrigen in Hamburg, setzt der mich fast aus dem Auto!

Es gibt sie bestimmt, die Berührungsängste der anderen.

Ich frage die anderen Frauen, wie sie damit umgehen, wenn sie mit der »Normalwelt« in Berührung kommen. Jede erzählt etwas anderes. Aber die meisten leben völlig unerkannt in ihrer Wohngegend und achten auch darauf, daß es so bleibt, nur die, die auf dem Kiez wohnen, haben damit kein Problem, hier gehört man ja »zur Gesellschaft«.

Die Chefin, die außerhalb Hamburgs wohnt und auch schon mal, wenn es spät ist, aus Faulheit in voller Montur und entsprechend geschminkt nach Hause kommt, erzählt, sie sei neulich einem Pfarrer begegnet, der im Hause wohnt und der wohl ein paar Tage vorher die Fernsehsendung »Straße der Frauen« gesehen hatte, in der sie aufgetreten war. Der Pfarrer grüßte sie mit erkennendem Blick – grinste.

»Aber es gibt auch zynische Zungen«, meint sie. Als sie als Zeugin vor Gericht auszusagen hatte – sie mußte ihre Berufsbezeichnung angeben –, wurde süffisant gegrinst. Und nach einer nicht gerade feinen Zeugenbefragung meinte der Richter: »Nun, Sie können Ihre Wut jetzt ja woanders ausleben.«

»Eben«, sagt sie nur.

»Am schlimmsten reagieren die Frauen«, sagt die Chefin, »nimm dich vor ihnen in acht. Sie sind neidisch.« Warum denn bloß? Mit einer Hure kann ein Mann seine Frau doch gar nicht betrügen. Was hier läuft, ist doch was völlig anderes. Reiner Sex und Lust. Basta. Keine Herzensbeziehung.

Wie oft hab ich mir früher, vor meinem Theologiestudium, als es mich noch umtrieb, gewünscht, es gäbe einen Puff für Frauen! Da wär ich sicher nicht nur einmal gewesen.

»Dann hättest du schon früher als Hure arbeiten müssen. Da hättest du genug gekriegt«, sagt der Mann der Chefin, als wir unsere Lebensgeschichten austauschen, und er sagt es so, ohne moralisierende oder ironische Untertöne, daß ich mich selber frage: Ja, warum hab ich das eigentlich nicht gemacht?

Weil ich mir das alles anders vorgestellt habe? Weil ich, weiß Gott, etwas anderes von mir wollte?

Jetzt jedenfalls, hier in Hamburg, geht es mir mit meiner neuen Identität sehr gut.

Schon wenn ich abends gegen sieben mit dem Auto in die Hafennähe komme, überkommt mich ein Freiheitsgefühl, das ich seit meiner Fahrt durch Afrika nicht mehr gekannt habe. Ich liebe diesen Hafen, die Backsteinarchitektur der Lagerhallen, das ewig geschäftige Treiben, den Geruch, eine Mischung aus Wasser und Maschinenöl. Seit meiner Kindheit liebe ich diesen Geruch. Einmal fahre ich nachts um vier über die schwindelerregend hohe Köhlbrandbrücke, nur um ganz in der Nähe des ewigen Stampfens der riesigen Maschinen zu sein. Das ist vital, das ist Leben!

Und wenn ich dann, schick angezogen, durch die Straßen gehe, grinsend den Mädchen »Bock« wünsche, vorbeischlendere an den Touristen und dann vor allem die verblüfften Gesichter der »soliden« Frauen genieße, die am Eingang der Straße auf ihre Männer warten und mich anstarren, wenn ich ganz selbstverständlich durch das Tor gehe, dann fühle ich mich gut.

Hier brauche ich keine Berührungsängste zu haben, das hier ist unser Revier.

Auch als ich meine »Arbeitskleidung« zusammenkaufe, spüre ich das. Als ich die ersten schwarzen Strümpfe mit Naht verlange, werde ich noch rot. Die Verkäuferin ist ganz ruhig, ganz freundlich. Unter den Geldscheinen, die ich ihr dann gebe, ist ein belgischer: »Oh, Entschuldigung«, sage ich und dann, mehr wie für mich. »Da hat der doch tatsächlich...«, die Verkäuferin lächelt. »Die Gäste jubeln einem manchmal falsches Geld unter, nicht? Geben Sie das mir, mein Sohn sammelt das.«

»Aber, das ist doch...« Unzuchtsgeld will ich sagen, schlucke, werde wieder rot.

»Na und?« lacht sie.

Kann sie Gedanken lesen?

Im Geschäft für die Ledersachen ist es ähnlich. Bei Billy-Boy ruft die Chefin vorher an, sagt, daß ich komme. Verlegen betrete ich den Laden, räuspere mich: »Ja, also, ich bin angemeldet worden, ich möchte gern...« – »Ach, sind Sie die Münchnerin? Wir haben schon Zeichnungen angefertigt. Kommen Sie mal mit.«

Hure sein ist hier normal.

Auch im Cuneo, Ecke David- und Herbertstraße, gibt es keine Berührungsängste. Hier sitzen Galeristen, Künstler, Fernsehleute, Schriftsteller und Frauen aus dem Gewerbe an einem Tisch. Domenica nimmt mich einmal mit, so verliere ich meine Angst.

Und als ich dann eine luxuriöse Wohnung in einem der schönsten Hochhäuser am Beginn der Palmaille beziehe, sechzehnter Stock – die Wohnzimmerfassade ist ein einziges Fenster, von dort überblicke ich die Stadt und den Hafen, und zum Fischmarkt Sonntag morgens ist's nur ein Steinwurf –, hab ich bald meine Stammwürstchenbude für morgens um sieben. Komme ich einmal nicht, werde ich schon am nächsten Sonntag gefragt, wo ich denn gewesen sei.

Jetzt endlich beobachte ich die Leute nicht mehr angespannt und frage mich, wie sie wohl auf meine Identität reagieren würden.

Ich verliere meine eigenen Berührungsängste innerhalb der »normalen« Gesellschaft. Das habe ich den freien Menschen um mich herum und deren Selbstverständlichkeit zu verdanken.

Und meine Arbeit? Sie ist spannender als mein Privatleben. Darum arbeite ich auch jeden Tag, den ich einen Platz im Hause bekomme.

Hinter den Kulissen

Mit meinen Kolleginnen habe ich mehr als Glück. Sie verhalten sich meinen Anfängerfehlern gegenüber meist gelassen und souverän. Und natürlich mache ich Fehler, die jetzt, da ich kein Gast mehr, kein »Lehrling« bin, nicht mehr so ohne weiteres durchgelassen werden. Zum Beispiel überziehe ich zu oft die Zeit. Bin ich mit einem Freier »oben«, vergesse ich immer noch, auf die Uhr zu sehen. Ich klöne zuviel mit den Männern. Die Frauen werden stinksauer, denn damit mache ich die Preise kaputt. Nach dem Ich-weiß-nicht-wievielten-Mal sprechen sie ernst und eindringlich mit mir. Meine Tränen fließen sofort. »Ich kann doch nicht mittendrin auf die Uhr gucken.«

Sie lenken ein und zeigen mir, wie man's macht, ohne daß der Gast es merkt. »Mit der Zeit bekommst du dafür auch ein Gefühl«, sagen sie.

Noch ein schwerwiegender Fehler. Ich rede zuviel am Fenster mit den Männern. »Du sollst hier nicht Seelsorge betreiben, davon wirst du nicht satt. Du sollst sie reinholen und Kohle machen«, sagen sie nachdrücklich.

Auf jede, auch nur die kleinste Kritik reagiere ich mit Tränen. Und ich bin immer kurz davor wegzurennen. Aber das lassen die Kolleginnen nicht zu. Sie bauen mich immer wieder auf. Meist mit Champagner und Geschichten aus dem Puffalltag, die so witzig sind und skurril, daß ich vor Lachen alles andere vergesse.

Immer wieder sind sie bereit, mir zu helfen, denn ich weiß ja noch längst nicht alles. Die eine Woche Lehre mit etwas Praxis und mehreren Trockenübungen waren ja nur der Anfang.

Was mache ich denn, wenn unbedingt einer einen Menstruationstampon auslutschen will, ich aber meine Tage nicht hab?

»Den machen wir zusammen fertig«, sagt Andrea da, »ich hab meine Tage.«

Dann kommt sie mit, führt ihn zum Klo, Kopf rüber und festgehalten, Tampon in den Mund gestopft, bis er würgt. Nun ist er der Herrin nah, ganz nah bis auf ihr Blut!

Auch das »Sektspenden« zeigen sie mir bereitwillig. Der Kopf des Gastes, meist mit einer Maske vor dem Gesicht, liegt in einem Holzkasten, einer nachgebauten beleuchteten Toilette. Er hat einen Trichter im Mund. Da muß ich nun mit meinem Urin genau hineinzielen. Und immer gerade soviel fließen lassen, daß er es fast nicht schlucken kann. Anfangs geht das nur schwer auf Kommando, aber mit ein bißchen Training lerne ich es.

Auch meinen ersten »größeren« Gast bekomme ich von einer Kollegin vermittelt. Ungefähr eine halbe Stunde lang sitzt sie im Vorgespräch dabei – er ist ein erfahrener Kunde und hat schon so ziemlich alles »durch«, es gibt kaum noch Reize für ihn –, dann geht sie. Sie wird als Provision ein Drittel der vereinbarten Summe bekommen. »Hoffentlich schaffst du den«, sagt sie noch und wünscht mir »Bock«.

Er zahlt im voraus für zwei Stunden – die Provision extra. Es muß immer im voraus gezahlt werden, handelt es sich doch um eine Dienstleistung, die unter »Unzucht« läuft und deren Lohn nicht einklagbar ist.

Er sagt: »Meine Bedingung: Die Zeit wird nicht eingehalten. Schaffst du mich eher, geht es auf dein Konto. Dauert's länger, dein Pech.« Das Spiel. Mit einem Riesengummiwürfel werden drei Runden gespielt. Wer die niedrigsten Punkte hat, muß für die Dauer des nächsten Spiels auf dem nagelbesetzten Sklavenhocker sitzen – ich habe ja Gott sei Dank was an, er ist nackt! Der Gesamtverlierer muß dann auf die Streckbank. Ich habe schreckliche Angst, lasse mich aber auf die Spielregeln ein, denn ich weiß ja, daß ich getestet werde. Mal gewinnt er, mal gewinne ich – Gott sei Dank wird es jetzt auch dem abgebrühten Kunden heiß – Spannung liegt in der Luft.

Erst mit dem allerletzten Wurf entscheidet es sich. Auf

die Streckbank muß er. Wäre es anders abgelaufen, wäre ich wohl abgehauen. Die Streckbank kennt er schon, und er tut gelangweilt. Heimlich hatte er wohl gehofft, daß ich drauf muß. Ich merke, daß er fast eher auf eine Geschichte reagiert als auf Handlungen. Und da fällt mir etwas ein. Ich stecke ihn zusätzlich ins Joch, schließe das ab, male ihm mit den schönsten, grauenhaftesten Worten aus, wie er jetzt hier elend verrecken muß, denn den Schlüssel – ich nehme ihn in den Mund –, den werde ich verschlucken. »Verhungern wirst du hier«, sage ich, »angekettet wirst du sein für den Rest deines Lebens. Und mir, nur mir ausgeliefert auf dieser Streckbank!«

Da, endlich, schreit er. »Nein! Nein!« Und dann spritzt er ab. Er ist ziemlich verdutzt, aber auch ein bißchen sauer auf mich. »Also, so schnell ging das noch nie bei mir.«

Das war ja haarscharf. Fast hätte ich nicht mehr weitergewußt. Von der Kollegin werde ich unten respektvoll begrüßt. Dann nimmt sie mich zur Seite, sagt: »Paß auf Neider auf. Du bist ziemlich gut.«

»Ach was, neue Besen kehren gut.«

»Nein, nein, neue Besen kehren auch falsch. Und du kehrst richtig.«

Und dann erfahre ich, daß einige Frauen mich heraushaben wollten, als sie merkten, daß ich eine Konkurrenz für sie werden könnte, die anderen aber, die souveränen, mich gedeckt haben.

Auch die matte Seite der Medaille lerne ich natürlich kennen. Die Frauen haben auch ihre dunklen Tage. Eine sagt: »Ach, weißt du, irgendwann möchte man auch mal normal leben. Das Geld ist hier zwar manchmal schnell, aber insgesamt doch sehr hart erarbeitet. Aber wenn du täglich diese Gesichter hier vorbeirennen siehst, das sind Tausende im Jahr, hast du irgendwann keine Lust mehr. Und vor allem das Feilschen, das ist widerlich. Ganz ehrlich, wir warten doch alle hier ganz naiv noch immer auf den Prinzen, der uns erlöst.«

Und dreht sich um, nun wieder ganz in ihrer Kraft und Schönheit, und holt sich den nächsten Gast!

»Wie schaffst du das?« frage ich.

»Training, hartes Training. Der Gast darf von unseren Traurigkeiten nichts erfahren.«

Das Feilschen ist auch für mich widerlich. Das Geschäft ist in den letzten Jahren sehr schlecht geworden, und um sich einen Stamm heranzuziehen, von dem man leben kann, braucht man ein paar Jahre, starke Nerven und Sinn fürs Geschäft. Jede Frau ist ihr eigener Sales Promoter – durch

ihr Aussehen und ihre Aufmachung,

ihr eigener Verkaufsdirektor – sie verhandelt über den Preis, schließt das Geschäft ab,

ihr eigener Producer – sie erfindet die Geschichten, die »Texte« speziell im sogenannten perversen Bereich,

ihr eigener Regisseur – sie arrangiert die Szenen.

Der Beruf erfordert eben eine vielseitige Frau. Die Frauen amüsieren sich, wenn ich so über unsere Arbeit spreche, das ist meine Art, sie aufzuheitern!

Den Namen Heide-Marie finden sie heilig-langweilig. Einen Monat lang nenne ich mich also Dolores, aber das wird dann als zu dunkel verworfen. Alexa finden alle gut, auch die Gäste.

Die Atmosphäre eines Hauses wird weniger von den Frauen als vielmehr von der Wirtschafterin geprägt. Sie ist das »Herz« des Hauses. Sie versorgt uns mit all den kleinen Notwendigkeiten, die wir so nebenbei brauchen, wenn wir am Fenster sitzen. Wenn das Haus voll besetzt ist – wir sind fünf Frauen in der Nachtschicht, drei »normale« und zwei »Stiefelfrauen« –, heißt es alle naselang: »Pummy, kannst du mir mal Zigaretten ziehen?« – »Ich möchte einen Tee, bitte.« – »Machst du mir noch einen Drink?« – »Ich hab so einen Hunger, gibst du mir mal die Tageskarten?« Ein knappes Dutzend Restaurants auf der Reeperbahn schickt täglich eine Speisekarte ins Haus. Pummy ruft dann dort an und läßt uns das Essen bringen. Oder sie schmiert uns Brötchen.

Sie sorgt für die Getränke, wenn wir Gäste haben,

bringt uns etwas nach oben, wenn der Gast länger bleibt.

Eine gute Wirtschafterin hat für alles, was die Frauen bedrückt, ein offenes Ohr. Sie tröstet uns, wenn wir keinen Umsatz machen, und sie bestreut uns mit Salz für »Bock«. Sie lacht mit uns, wenn wir Witziges erleben, und freut sich mit uns, wenn wir gut verdienen. Pummy ist, auch jetzt noch, nicht aus meinem Leben wegzudenken.

Aber auch die schwerhörige, oft brummige Alte gehört dazu. Ihre Sozialhilfe ist zu niedrig, als daß sie davon leben könnte. Hat sie ihre Gedanken einmal gut beisammen, zum Beispiel, wenn sie ein Glas Champagner trinkt, dann verändert sie sich. Dann strafft sich ihr Körper, fast tänzelt sie, und ich sehe: Sie muß eine Schönheit gewesen sein! Dann schwärmt sie von Schmuck und schwerem Tafelbesteck, von edlen Gelagen und von der Zeit, als Huren noch verehrt wurden.

Zum Haus gehört auch ein Mann, Haussklave und Einholer der Straße. Er gehört zu einer Kollegin, besorgt für uns Gummis, Gummihandschuhe, holt Bestellungen ab, kümmert sich aber auch um persönliche Sachen, zum Beispiel, wenn wir das Einkaufen für zu Hause mal vergessen haben. Er lebt vom Trinkgeld. Zusätzlich bekommt er monatlich eine »schöne perverse Behandlung«. Letzte Woche hat er sich eigens dafür Brennesseln besorgt!

Ich lerne. Hier gibt es nur heiß oder kalt. Hier sind die Schatten härter, und hier scheint die Sonne greller als anderswo.

Verträumte Lebensfremdheit wird *er* mir nun nicht mehr vorwerfen können.

Von der Erotik des Geldes

Im Puff geht es um zwei Sachen: um Sex und um Geld. Als ich hier anfange, bin ich völlig pleite. Alles, was ich habe, ist Sex. »Das wirst du umwandeln – in Geld«, sagen sie mir im Haus, und als ich ziemlich skeptisch bin: »Wenn du skeptisch bist, verdienst du nichts. Das sieht man deinem Gesicht an. Das macht keinen Bock.«

Ich soll also nicht nur Lust am Sex haben, sondern auch Lust am Geld. »Das gehört zusammen«, heißt es.

Ich lerne: Den ersten Gast für das »Handgeld« zu bekommen, ist das Schwierigste, vor allem dann, wenn man nötig Geld braucht. Handgeld deckt die reinen Kosten fürs Haus, in dem man arbeitet. Sind dann die Hürden »Fußgeld« und »Kopfgeld« auch geschafft, das heißt, können die privaten Ausgaben wie Wohnung, Heizung, Telefon und Auto bezahlt werden, dann fließt es meist von selber weiter. Geld will zu Geld, das scheint zu stimmen.

»Was kostet es bei dir?« ist die erste Frage eines potentiellen Gastes.

»Ab hundert Mark pervers«, lautet der Koberspruch der Stiefelfrauen. Meist folgt: »Und was machst du dann mit mir?« Das ist entweder Hinhaltetaktik, weil er sich noch nicht entschieden hat, Erfahrungslosigkeit oder der Trick eines Typen, der sich nur aufgeilen will. Ich muß also auch hinhaltend antworten: »Kommt darauf an, wozu du dich eignest.« Das erhöht die Spannung. Oder: »Du kriegst eine schöne, geile, perverse Behandlung von mir.« Das ist ungenau, aber aufreizend. Danach entscheidet es sich, ob ich einen Gast habe oder ob ein energieabstaubender Aufgeiler abhaut.

Das Feilschen um Geld ist fast nur bei deutschen Gästen üblich. Die Ausländer sind eher überrascht über die gute Arbeit der deutschen Frauen und kommen wieder, sobald es die Gelegenheit erlaubt.

Wie hart man um sein Geld feilschen muß, erlebe ich bald am Beispiel eines gutaussehenden Mittdreißigers. Am Fenster sagt er: »Bist du eine richtige Domina, eine, die wirklich durchgreifen kann? Oder tust du nur so? Ich war eben schon in einem anderen Laden, aber das war nichts, das war lächerlich.«

Ich glaub ihm das nicht, er will sicher nur bluffen. »Beweis, daß du woanders warst.«

»Hui, das gefällt mir«, lacht der unerschrocken und zieht – man bedenke, vor dem Fenster – seine Jeans herunter, dreht sich um, hebt das Hemd hoch, und ich sehe Striemen am Arsch.

Ganz schön provokativ, dieser Junge, denke ich. »Gut, du darfst reinkommen.«

Erst will er in den Salon und etwas mit mir trinken, dann noch ein anderes Date absagen. Ich kämpfe mit mir, ob ich diesen Chaoten nicht hinauswerfen soll. Nach einigem Hin und Her gibt er mir die ersten hundert Mark. Dann gehen wir ins Atelier. Er redet wie ein Wasserfall, findet sich unheimlich toll, noch niemand habe ihn kleingekriegt, sagt er, er sei antiautoritär erzogen, kenne keinen Respekt, keine Hingabefähigkeit. »Ach so, und das soll ich jetzt in einer Stunde alles wiedergutmachen bei dir?«

»Ja«, strahlt er mich an.

»Nee, mein Freund, nicht mit mir.« Nun stimmt er eine andere Tonart an. »Versuch's doch mal, bitte. Ich wollte immer schon mal etwas für eine Frau tun, wirklich! Etwas, was sie, nur sie will. Ihr wirklich gehorchen. Bis jetzt hat mich noch keine dazu gekriegt. Alle machen immer, was ich will. Das ist langweilig.« Ich weiß, das wird ein psychischer Kraftakt, ein Machtkampf. Endlich willige ich ein, bekomme die nächsten zweihundert Mark.

Die erotischen Machtspielchen beginnen. Alles, was ich mit ihm tue, wird kommentiert, belacht. Ob auf der Streckbank oder am Andreaskreuz. Nichts beeindruckt ihn. Er provoziert mich, will mich aus der Reserve locken. Ich bleibe cool. Nach eineinhalb Stunden bin ich erschöpft, und da passiert mir etwas, was mir eigentlich nicht passieren sollte. Als ich ihn am Kreuz habe, zische ich ihn an. »So, mein Freund, jetzt reicht's mir aber. Jetzt werde ich dich grün und blau schlagen. Dein Grinsen und Kritisieren werden dir schon noch vergehen.« Ich schlage blind auf ihn ein. Jetzt bin ich wirklich wütend, habe kaum mehr Kontrolle über mich. Da lacht doch dieser Mistkerl. »Jetzt enttäuschst du mich aber. Ist das alles, was du zu bieten hast?«

Ich sage keinen Ton mehr, mache eine Fessel los: »Die

andern kannst du dir ja wohl selber lösen«, räume auf, beachte ihn nicht mehr. Er zieht sich an, ich sehe, wie sich schon jetzt eine riesige blaue Beule am rechten Oberschenkel bildet. Er deutet darauf.

Ich sage: »Stell dich nicht so an, schmier dir Arnika drauf. Außerdem, du schuldest mir noch Geld.«

»In meiner Hosentasche ist die Geldbörse.«

Ich finde vierzig Mark, die werfe ich ihm vor die Füße. »Das ist unter meinem Niveau.« Er hebt sie grinsend auf, will mich zum Bier einladen. Ich hebe schon die Hand, will ihm eine Ohrfeige verpassen, reiße mich zusammen. »Verschwinde, aber ein bißchen zackig!« Fast hätte er wirklich gewonnen. Als er weg ist, gehe ich hin und her, um mich zu beruhigen. So was darf nicht passieren. Ich bin wütend auf mich.

Vier Wochen später, ich traue meinen Augen kaum, steht er wieder da, braungebrannt, grinsend: »Mach auf!« Im Salon erklärt er. »Also, du hast mir da wirklich ein tolles Ding verpaßt (er meint die blaue Beule). In Marokko konnte ich nicht an den Strand gehen, vier Wochen hat das Ding gehalten! Wirklich gut. Und am meisten hat mir imponiert, daß du Charakter gezeigt und mir die läppischen vierzig Mark vor die Füße geworfen hast.«

Diesmal wird es eine gute Sache mit ihm, und er zahlt den normalen Satz.

Ein paar Tage später kommt einer und fragt: »Was kostest du?«

Das geht mir durch und durch. Ich werde wach. Das macht mich an! Ich merke, wie meine Augen zu blitzen beginnen. Und ohne zu denken, antworte ich: »Für dich koste ich einen Riesen, du geiler Sklave, du!« Da schluckt der und sagt: »Dann mach mir auf, Herrin.« Er bezahlt für drei Stunden.

Als ich danach erhitzt und erschöpft, aber mit glänzenden Augen wieder runterkomme, steht da gleich der nächste. Und dann noch einer. Gegen vier Uhr morgens gehe ich durchgeschwitzt bis auf die Haare, aber mit spiegelblanken Augen nach Hause.

Geld will zu Geld. Feilscht einer herum, werde ich lustlos. Legt einer oben noch etwas zu, weil es ihm Lust macht, dann fällt mir sofort etwas Neues ein. Es ist, als ob das Geld meine Kreativität anheizt.

Und ich will die Scheine spüren. So stecke ich sie mir überall hin, an den Busen, in die Strümpfe, in die Stiefel oder in den Lederslip.

Buchgeld – wie langweilig! Vor mir liegen muß es – hineingreifen will ich! Überall hinstecken will ich es! Fühlen will ich es! Hier in der Welt, in der Extremes zum Alltag gehört, in der ich mich immerzu und sofort entscheiden muß, erlebe ich, was ich nicht zuzugeben wagte. Ich liebe Geld!

Was für Männer gehen zur Domina?

Die weitverbreitete Meinung, daß vor allem Finanzbosse, Topmanager, Juristen und Mediziner, also Männer, die im Beruf das Sagen haben und sich im Puff einen Ausgleich für ihren Streß schaffen wollen, zur Domina gehen, ist einfach falsch. Ich hatte Kunden aus den verschiedensten Altersgruppen, der Jüngste war dreiundzwanzig, der Älteste knapp achtzig, und aus allen Berufssparten. Zu meinen Stammkunden gehörten Fernfahrer, Ingenieure, Pfarrer, Mediziner, Juristen, Soldaten und Studenten. Die meisten waren natürlich Deutsche – Männer aus südlichen Ländern gehen, jedenfalls hier, selten zu einer Domina, vor Skandinaviern hatte ich immer Angst wegen ihres hohen Alkoholkonsums und der damit verbundenen Aggressivität, mit den Franzosen habe ich leider Sprachprobleme, und den Japanern war ich immer zu üppig, die suchen zierliche Frauen mit wenig Busen – zu den Engländern aber hatte ich immer eine besondere Beziehung. Ihr subtiler Humor gefällt mir, mit der Sprache habe ich keine Schwierigkeiten, sie finden mich attraktiv. Schon wie sie das erste Kontaktgespräch führen, gefällt mir, es ist eben nicht so bierernst und nur aufs Geld gerichtet wie bei den meisten Deutschen.

Da kommt zum Beispiel eine Gruppe Engländer. Ich werde aufmerksam, denn ihre Kommentare sind häufig sehr positiv. Sie bleiben stehen, sprechen leise miteinander, dann gähnt einer. Ich öffne das Fenster und sage betont ladylike: »Mein Herr, wenn Sie hier vorbeigehen, sollten Sie nicht gähnen!« Es wird still, der Mund des Gähnenden braucht etwas Zeit, um sich zu schließen, eine kleine verdutzte Pause entsteht, dann erwidert der Angesprochene: »Madam, das war kein Gähnen, das war Excitement (Erregung).« Wir lachen. Einer der Herren spricht mich an: »Was kostet es, und was machen Sie, Madam?«

»Ab hundert Mark. Dafür gebe ich Ihnen eine schöne dominante Behandlung.«

»Heißt das, Sie sind ein englisches Modell?«

»Das heißt es.«

»Sie arbeiten also englisch-pervers?«

»So ist es.«

Ein anerkennender, wissender Blick. »Sie wären nicht erwachsen, täten Sie es anders, Madam.«

Wie recht er hat, denke ich und strahle ihn an.

Tatsächlich ist es so, daß die Domina auch »englisches Modell« genannt wird. Die Erklärung dafür ist wohl in der oft sehr strengen englischen Internatserziehung viktorianisch-puritanischer Prägung zu suchen.

So thematisiere ich auch bei diesem Engländer folgende Szene.

Der Junge im Pubertätsalter, die Lehrerin als strenge Gouvernante, mit einem langen Spitzenunterrock, den Rohrstock in der Hand, verführt ihn erst zu einer Übertretung und legt ihn dann genüßlich über den Bock und verprügelt ihn.

Bei jedem Besuch wird diese Anordnung wie ein Ritual vollzogen – eine magische Formel, die Erfüllung bringt.

Fascinosum et tremendum!

Wir Menschen sind nun mal nicht einschichtig!

Zu allen Zeiten haben sich Menschen Rituale geschaffen. Sie sind wie ein Gerüst, eine Dominante, mit deren Hilfe man bestimmte Lebenssituationen besser bestehen kann, ihnen auch emotional eher gewachsen ist. Ihre magische Wirkung ist unbestritten. Die katholische Kirche hat das immer gewußt. Der Lobpreis Gottes, die Tröstungen der Kirche, das Vergeben von Schuld, das Einswerden mit dem Herrn bei der Kommunion, das alles kann seine Wirkung nur entfalten durch sich ständig wiederholende Rituale, die entsprechend zelebriert werden.

Daß ich damit gut umgehen kann, daß ich tiefe und gute Erfahrungen damit gemacht habe, weiß ich seit meiner Zeit in der Kirche. Diese Erfahrung kann ich im Puff gut gebrauchen, denn fast jeder Mann, der hierherkommt, hat »seinen Text«, »seine Szene«, die immer wieder nach einem bestimmten Ritual ablaufen muß, damit er seine Erfüllung findet. Herauszufinden, welchen Text er braucht, wie die Szene ablaufen muß, ist Sache der guten Domina.

Ich schildere zur Illustration dessen, was ich meine, einige Erlebnisse aus meinem Tagebuch.

Dave steht mehrere Male am Fenster, er braucht lange, bis er hereinkommt. Und dann spricht er immer nur von einer schweren Schuld, die er auf sich geladen habe und daß er nicht perfekt sei, daß er bald sterben müsse wegen seiner Schuld. Dafür will er Schläge haben. Er arbeitet in der Aids-Forschung, sagt er. Als er sich nicht ausziehen will, schicke ich ihn weg. Ein paar Tage später kommt er wieder. Die gleichen Schuldgeschichten. Diesmal sage ich: »Du brauchst die Schläge. Aber nicht, damit du deine Schuld loswirst, sondern damit wir herausfinden, was für eine Schuld du überhaupt hast. Zieh dich aus, ich haue dich, und dann sagst du mir, was für innere Bilder du dazu hast.« Gesagt, getan.

Ich haue ein paarmal zu und rufe dabei. »Du bist, merk es dir« – Schlag –, »nicht gut genug« – Schlag –, »nicht gut genug« – Schlag –, »für mich!« Sein Hintern zuckt, dann schreit er. »Ja, ja, ich hab's. Du ganz in Seide, fließend, makellos! Unerreichbar. Meine Königin! Alles, alles will ich für dich tun!« Bitterliches Weinen und Entspannung treten zu gleicher Zeit ein. Glänzende Augen.

Ein junger Mann, allein, stellt die übliche Frage: »Was machst du dann mit mir?« Aber in seinen Augen und an seiner Physiognomie – seine Schultern sind angstvoll hochgezogen, der Kopf etwas geduckt – sehe ich, er will mehr. »Hast du Angst?« – »Ja.«

»Ist es das erste Mal?«

»Ja.«

»Ich verstehe deine Angst, das ist beim erstenmal immer so. Aber du kriegst bei mir nur, was du brauchst. Und du kannst auch jederzeit halt sagen.«

Er atmet tief. »Gut, ich komme rein.«

»Geh zur Türe.«

Mit Neulingen darf man nichts falsch machen. Es ist ja eine Art Entjungferung, die da stattfindet. Darum sollte sich auch der Gast Zeit nehmen. Viele, die frustriert von ihrem ersten Erlebnis erzählen, haben sich bei genauerem Nachfragen keine Zeit gegönnt, weil sie sparen wollten – am falschen Ende.

Behutsam beginne ich das Vorgespräch. »Mike, du solltest mir sagen, was in deiner Phantasie vorgeht.«

Er ist stumm wie ein Fisch, zieht den Kopf noch mehr ein. Schließlich kommt leise: »Tust du mir weh?«

Ich flüstere ganz vorsichtig. »Möchtest du das denn?« Pause. Ich gebe ihm Zeit, zünde mir eine Zigarette an. Ich versuche, »seinen Text« aus ihm herauszulocken. »Hier oben kannst du alles, aber auch alles sagen. Und was wir dann tun, entscheiden wir gemeinsam.«

Und nun bricht es heraus: »Ja, ich möchte, daß du mir weh tust. Ich träume immer davon, geschüttelt und festgehalten zu werden. Ich möchte, daß du mir erniedrigende Dinge sagst, ja, das möchte ich! – Ist das sehr schlimm?« Hochgezogene Schultern, hängender Kopf.

»Nein, Mike, das ist alles o. k. Du wirst sehen, wenn du das alles erlebt hast, fühlst du dich hinterher großartig.«

»Wirklich?«

»Ja, und ich erkläre dir alles, was ich mache. Und du kannst jederzeit stop sagen. O. k.?«

»O. k.«

»Also, zieh dich aus, und mach dich da am Waschbecken frisch.«

»Yes, Mam.«

Flink wie ein Wiesel ist er jetzt. Der Bann scheint gebrochen, das Vertrauen hergestellt. Ich atme auf, habe inzwischen das Gefühl, ihn gut zu kennen, weiß, was ich mit ihm machen werde.

»So, Mike, als erstes werden wir deine Hoden abbinden. So kommen sie schön heraus. Dann kann ich sie mir schön greifen, die Fingernägel hineinpressen. Du zuckst? Aber es tut doch gut, nicht wahr?« Dabei wird meine Stimme etwas schneidend. »Yes, Mam.« Mike ist Soldat bei der amerikanischen Armee. »Und!? Was ist mit der Begrüßung?« Fragend und verständnislos ist sein Blick. Ich erkläre. »Die Herrin ist mit einem Kniefall zu begrüßen.« Er fällt zu Boden. »Und nun darfst du die Stiefel küssen.« Wie schmachtend umgreifen seine Arme die gestiefelten Beine, Kopf und Gesicht daraufdrückend. Ich trete ihn weg. »Nicht so! Hände weg, Hände auf den Rücken! So ist's gut. Und nun küß die Stiefel. Ja, so ist es besser. Du lernst. Aber nicht so zaghaft. Ich möchte durch das Leder hindurch deine Leidenschaft und Ergebenheit spüren, los! Ja, so ist es gut. Und nun den Absatz. Nimm ihn in den Mund, ja, und saug daran. Rauf und runter, rauf und runter. Saug, saug! Gut! Das gefällt mir. Du darfst aufstehen.« Er steht auf, schaut mich an. Da bekommt er einen Schlag auf die Genitalien, daß er zuckt. »Wer hat dir erlaubt, mich anzuschauen?«

»Aber, Madam, du bist so schön!«

»Hier gibt es kein Aber, und die Befehle gebe ich, verstanden?«

»Yes, Mam.«

»Dafür hast du dir jetzt eine Abstrafung verdient.«
Erwartungsvoll schnellt sein Kleinod hoch, ich erinnere
mich an das Vorgespräch, binde ihm ein Halsband um,
fasse fest hinein, schüttele ihn hin und her, schreie ihn an.
Er schluckt, fast kommen ihm die Tränen, aber ein Blick
nach unten bestätigt mir, daß es genau richtig läuft. Ich
stoße ihn weg. »Und nun auf den Boden mit dir, du
Nichtsnutz. Ein guter Soldat willst du sein? Ein Nichts bist
du!« Als er auf dem Rücken liegt, trete ich – erst behutsam
– mit dem bleistiftdünnen Absatz auf dem Körper entlang.
Er windet sich, ist fast wie in Trance. Da trete ich etwas
fester zu, vor allem in die Hoden. Er wird plötzlich ganz
still, seine Augen werden weit, ein tiefer Schrei, Stille. Er
ist erlöst.

Nun steht ein völlig anderer Mensch vor mir: ein strah-
lender, aufrechter, schöner, junger Mann, der sich selbstbewußt bewegt. Wir freuen uns beide. »Madam, das war
wunderschön. Vielen Dank.«

Noch ein Neuling. Ich bin geduldig, manchmal zahlt sich
das aus.

»Sie machen pervers?«

»Ja.«

»Nur pervers?«

Nur ist gut, denke ich, der hat wirklich keine Ahnung.
»Ja, lediglich pervers. Nicht nur.« Ob er die Differenzie-
rung begreift? Dumm sieht er nicht aus. Nur jung und
unerfahren und sehr unsicher. Einerseits lehnt er sich ins
Fenster – das ist eine Grenzüberschreitung, die keine Frau
mag –, andererseits redet er mich mit »Sie« an. Wir werden sehen.

»Aber ich mag beides.«

»Das glaube ich dir. Aber ich mache wirklich lediglich
pervers.«

»Und hinterher nicht noch richtig?«

»Nein.« Meine Geduld wird wirklich strapaziert heute!

»Machst du das, was du da machst, denn gerne?«

»Sicher. Würde ich sonst hier sitzen?«

»Ja, aber dann mußt du die Männer doch hassen!«

Ach du liebe Zeit. »Aber ganz im Gegenteil«, nun komme ich in Fahrt, »die Frau, die dies tut, muß die zärtlichste Frau der Welt sein. Sie muß die Menschen lieben und kennen und vor allem etwas von ihren tiefsten Wünschen wissen. Nur so eine Frau kann den Gast an seine Grenzen und ein Stück darüber hinaus führen.«

»Du antwortest so gut. Ich komme wieder.«

Er holt wohl Geld. Nach zehn Minuten ist er wieder da, kommt herein.

Im Atelier sagt er gleich: »Also, ich will keine Striemen, keinen Blutkontakt, kein Leder anziehen. Ich will nämlich kein Aids haben. Ach, ich weiß wirklich nicht, was ich hier eigentlich will!« Er ringt die Hände. Ein erwachsener Mann, groß, kräftig gebaut, Anfang Vierzig, steht da, unsicher, zweifelnd, ängstlich erregt, aber auch neugierig und voll erotischer Spannung. Wie kann man solche Männer hassen. Hier, wo sie ihre Masken fallen lassen, wo sie soviel von sich zeigen, kann man sie doch eigentlich nur lieb haben! Außerdem: Ich selber mache in diesem Spiel ja auch mit. Und konsequenterweise müßte ich mich dann auch hassen. Tue ich aber nicht. Ich habe sogar eine ziemlich hohe Meinung von mir!

Ich lächele.

»Du lachst mich aus?«

Übersensibel sind sie meist. »Nein, ich lächele nur, weil ich dich verstehe. So, jetzt hast du alles gesagt, was du nicht willst. Weißt du denn auch, was du willst?«

»Also, ich liebe Leder.«

»An dir oder an mir?«

»An dir. Und ich mag deine Stiefel.« Langsam tastet er sich heran. »Ich möchte gefesselt werden, und ich möchte die Reitpeitsche spüren. Aber nur im Kopf, nicht wirklich. Verstehst du mich?« Das kommt fast panisch.

»Natürlich, das ist doch alles ganz einfach.«

»Wirklich? Ich möchte – ich möchte unter deinen Füßen liegen und ein, hm, ein Nichts sein!« Das letzte verschluckt er fast.

»In Ordnung, Johann. Du ziehst dich jetzt aus, machst dich frisch, und ich hole in der Zwischenzeit die Getränke. Was möchtest du denn trinken?«

So schnell kann er gar nicht umschalten. Er starrt mich an. Als ich zurückkomme, ist er natürlich nicht ausgezogen. »Schämst du dich?«

»Ja.«

Ruhig und ohne Emotionen antworte ich: »Brauchst du hier nicht. Mach hin, sonst ist die Zeit um.«

Jetzt ändert sich meine Stimme, sie wird erotisch-befehlend, ich sage: »Du geiles Stück, du. Du Nichts, du. Weißt du, was ich mit dir mache? Ich mache dich zu meinem Fußabtreter.« Noch rührt sich nichts bei ihm. Ich fessele ihn. »Leg dich auf den Boden, sofort!« Das wirkt schon eher, wie ich sehe. Ich hole die Reitpeitsche, stelle einen Fuß auf seine Brust, als sei er meine Trophäe. »So, und jetzt stell dir vor, du liegst so, völlig ausgeliefert, in der Wüste. Es ist heiß, du hast Durst. Und ich stehe über dir und peitsche dich aus.« Er verdreht die Augen. »Hörst du das? Ich peitsche dich aus. Und wie ich dich in dieser Gluthitze auspeitsche!« Ich lasse die Peitsche mehrere Male durch die Luft sausen. Bei dem Geräusch zuckt er zusammen. Einige Zentimeter über dem Körper halte ich sie an, tippe ihn dann lediglich mit der Spitze an. Im Nu bekommt er seinen Orgasmus, sogar, ohne sich selber dabei zu berühren.

Schnell steht er auf, sagt: »Aber das ist nur die eine Seite in mir, das andere mag ich auch.«

»Natürlich.«

Er zieht sich an, sieht sich um. »Du mußt viele kranke Menschen hier haben.« Er deutet auf die gesamte Gerätschaft.

»Was meinst du denn mit krank?«

»Ja, ist das denn nicht krank?«

»Also, jetzt hör aber auf. Das ist lediglich eine ganz bestimmte Seite in dir, wie du vorhin selber gesagt hast. Und die ist genauso existentiell wie andere Seiten von dir. Und du hast sie bis jetzt nicht ausgelebt. Die andere Seite in dir lebst du ja offensichtlich aus.« Er nickt. »Und wenn du diese nicht auch lebst, kann sie dich Tag und Nacht verfolgen. Das ist wie mit dem Essen. Wenn du Hunger hast, kannst du dich auf nichts anderes konzentrieren. Wenn du satt bist, reizen dich Bratendüfte gar nicht mehr. Das ist doch alles ganz normal.«

»Du hast recht, und du bist sehr klug. Du hast das wunderbar gemacht. Nun kann ich es dir ja sagen, ich war schon einige Male bei einer Frau, aber ich hab nie meinen Höhepunkt bekommen, denn es gab tatsächlich Schläge. Und kein Gespräch. Du machst das ausgezeichnet. Ich komme wieder.«

Deshalb also das panikartige Gebaren am Anfang. Ein verkorkster Neuling ist eben schlimmer als ein jungfräulicher Neuling.

Einer fragt in gebrochenem Deutsch: »Darf ich zu Ihnen hereinkommen?«

Ich stutze. Das »Sie« gehört eigentlich zur Sprache der guterzogenen »Sklaven«. Aber ich kann fast nicht glauben, daß er »Insider« ist, er sieht ein wenig dunkel aus, eher wie ein Jugoslawe, und könnte dieses »Sie« auch zufällig gewählt haben, ohne zu wissen, was auf ihn zukommt. Ich sage also. »Aber ich mache keinen Normalsex.«

»Ich weiß, Herrin.« Nun hab ich verstanden, er ist wirklich erfahren.

Jorg kommt aus Helsingborg, er möchte genadelt werden. »Kannst du das?« fragt er. Er ist wortkarg, atmet schwer, schluckt. Ich frage, wie immer, nach seinen bisherigen Erfahrungen. Oft beziehen die Gäste ihre Faszination aus Gelesenem oder aus eigenen Phantasien, sind aber dennoch ohne praktische Erfahrung. Da müßte ich dann ganz anders vorgehen.

»Ich habe das ungefähr zehnmal bis jetzt gemacht. Ungefähr einmal im Jahr mache ich das«, bekomme ich zur Antwort. Er schluckt wieder. Nun weiß ich, daß seine Erregung Ursache seiner Wortkargheit ist. Wir kommen sofort zur Sache, nachdem die Geldfrage geklärt ist, er sich angezogen und frisch gemacht hat. »Richtig genadelt willst du werden? Brustwarzen oder Hodensack?«

»Nein, nein«, er stottert, »noch woanders.«

Ich helfe. »Also am Schwanz?«

»Ja, ja«, er nickt heftig, »hier.« Und er zeigt auf die empfindlichste Stelle am Penis.

Nun schlucke ich, denn ich hatte eigentlich vorgehabt, nur die Vorhaut zusammenzustecken, das ist auf alle Fälle unblutig. Mir fällt mein letzter Nadelgast ein, der unbedingt Blut sehen wollte. »Weißt du, daß das blutig werden kann?«

»Das macht nichts, hab ich schon gehabt, bin schon mal richtig durchgestochen worden.«

Ein harter Bursche, denke ich, mal sehen, ob ich den hinkrieg. Nachdem ich die Hoden abgebunden habe, möchte er sofort auf die Streckbank. Das kommt mir sehr gelegen, da muß er auf alle Fälle stillhalten, auch wenn es zu sehr schmerzen sollte. Nachdem ich ihn gefesselt habe, ziehe ich die Fesseln mit Hilfe der großen Kurbel an. Er zeigt sich gelangweilt. Der Schwanz ist schlapp. Nun werde ich allmählich aggressiv. Ich ziehe die Fesseln lang, bis er sagt: »Bitte, nicht mehr.« Dabei hebt er den Kopf, schaut auf sein Kleinod, aber das schläft noch. »Kannst du den Schwanz auch noch abbinden, bitte? Und nicht so fest anziehen.«

Das ist also die Machtprobe, denke ich. »Du befiehlst hier nicht, merk dir das, hier bist du mir ausgeliefert, und ich werde dir gleich sehr schöne Schmerzen in deinen Schwanz geben, und das wird mir Spaß machen. Und du hältst den Mund, hörst du?« Sofort rührt sich etwas bei ihm, und er sagt nur noch: »Bitte den Knebel.« Nun weiß ich, daß er tatsächlich große Schmerzen erwartet. Ich nehme die Anregung auf, wandele sie um in einen Befehl. »Ja, genau, den Knebel brauchst du, damit du nicht reden kannst. Dann bist du endlich ruhig und auch noch gefesselt und gestreckt, und ich kann dir soviel Schmerzen bereiten, wie ich will.«

Er bekommt den Knebel in den Mund, ein breites Gummimundstück, am Leder befestigt und hinter dem Kopf festzugurten. Ich desinfiziere den gesamten Genitalbereich, ziehe mir Gummihandschuhe an, nehme die Einmalspritzennadel aus ihrer sterilen Verpackung und klappe den Penis hoch, so daß ich an dessen Unterseite die Nerven am Rande der Eichel vor mir habe. Ich mache das bewußt cool, sachlich, klinisch. Herzlich wenig rührt sich bei ihm. Vorsichtig steche ich den Nerv an, er zuckt zusammen, versucht zu schreien. Es rührt sich dennoch nichts.

»Du sollst dich nicht rühren«, herrsche ich ihn an, »sonst steche ich vielleicht so tief, daß das Blut aus deinem Schwanz herausspritzt und er dir ganz ausblutet.« Da rührt sich schon mehr. Während ich um den gesamten Schwanz herum mit der Nadel die Haut lediglich ein wenig eindrücke, also nicht wirklich einsteche – ich will noch seine Schmerzgrenze testen, da ich ihn ja nicht kenne –, spreche ich den »Text«, von dem ich meine, daß er ihn braucht. »Und nun finde ich deine schmerzhaften Nervenstellen und steche hinein. Und es gefällt mir zu sehen, daß du jetzt große Schmerzen haben wirst! Du sollst dich nicht bewegen, habe ich gesagt! Schreien darfst du, das höre ich gerne.« Sofort röhrt er los unter seinem Knebel. Ich bleibe weiterhin völlig cool, erzähle ihm nur, daß ich nun allmählich seine Nerven auf die Nadel aufspießen werde. Kurz bevor er ganz erigiert, mache ich eine Pause, trinke einen Schluck Orangensaft. »Nun darf sich dein Schwanz etwas erholen, denn gleich werde ich ihn noch einmal richtig behandeln und in die empfindlichen Nerven stechen und vielleicht sogar auch in eine Ader, damit ich Blut sehe.« Sein Gesicht verzerrt sich wie vor Schmerzen, obwohl ich ihm nur den Text gebe und dabei meinen Orangensaft trinke. Er erigiert weiter, ich habe also den richtigen Text.

»So, und jetzt werde ich noch einmal richtig hineinstechen in diese feinen Nerven. Und zwar zweimal ganz stark. Und wehe, wenn du vorher abspritzt, dann werde ich ganz durch dich hindurchstechen.« Bei diesem Satz schreit er laut los unter seinem Knebel, der Schwanz wird riesig, ich brauche gar nicht mehr zu stechen, es genügt, daß er die Nadeln an den entsprechenden Stellen spürt. Er schreit und tobt, und auf meinen Befehl »Nun darfst du!« verzerrt sich sein Gesicht. Schreiend bekommt er einen Riesenorgasmus.

Kaum ist alles vorbei, sagt er mit glänzenden Augen und völlig anderer Stimme. »Ja, das war ja gut.«

Ein Mann steht am Fenster. »Herrin, würdest du dich bitte stärker schminken, damit ich mehr Angst bekomme?« Natürlich tue ich das. Er kommt wieder, sagt, was er möchte. »Also, ich gebe dir das Geld durch das Fenster. Und dann beginnt das Ganze. Ich werde dich fragen, ob ich hineindarf. Du schickst mich weg. Endlich darf ich dann doch hinein. Dann möchte ich in Leder gekleidet und dann hier ausgestellt werden.«

»Geht klar.«

Er reicht das Geld durch das Fenster, und das Spiel beginnt. Seelischer Szenenwechsel.

»Herrin, darf ich hineinkommen?«

»Du wagst so eine Frage? Du bist es nicht wert hereinzukommen. Geh!« Er geht.

In der Zwischenzeit ziehen Gruppen vorbei, unterhalten sich lauthals darüber, welche der Frauen sie denn wohl »haben« wollen. Was für ein Kontrastprogramm! Einer flegelt sich ins Fenster: »Na, Süße, was krieg ich denn bei dir?« ruft er herein. Ich antworte mit stiller, scharfer Stimme: »Die Peitsche, mein Freund. Die brauchst du bei diesem Benehmen nämlich!« Das wirkt. Er trollt sich.

Mein »Sklave« kommt zurück. »Herrin, darf ich heute, jetzt zu Ihnen?«

»Ich glaube, jetzt will ich dich. Ich werde sehen, wozu du dich eignest. Geh zur Türe!«

Als er endlich im Atelier ist, ziehe ich ihm die Sklavenhose an, sie hat vorne und hinten ein ledernes Dreieck, mit einem ausgestanzten Loch für Penis und Hoden und einem Metallring, durch den man den Penis zusätzlich durchziehen kann – binde ihm den mit feinen Nägeln ausgestatteten Leder-BH um, in dem für die Brustwarzen ein Loch ist, so daß man die auch noch behandeln kann, und fessele die Hände. Zwischen die Beine kommt der Spreizer, das ist ein etwa ein Meter langer Stock, dick wie ein Besenstiel, an dessen Ende lederne Fußschellen angebracht sind.

»Nun, mein Lustobjekt, jetzt werde ich mal sehen, wozu du dich eignest! Auf die Knie! Begrüßung, aber sofort!« befehle ich und weiß, daß ihm jede Bewegung Schmerzen bereiten kann. Ich spüre seine Zunge angenehm durch das Stiefelleder hindurch. Speziell an den Knöcheln, an denen ich so sensibel bin, lasse ich ihn verweilen. »Schön, breit die Zunge, ja, und mit Leidenschaft!« Aber schwupp, ist er über den Stiefelrand hinaus an meinem Knie. Das hat er natürlich absichtlich getan, denn er weiß ja, was ihn nun erwartet.

»So, du unartiges Objekt, nicht du, sondern ich will meine Lust. Für die Übertretung bekommst du eine Abstrafung.«

Ich zwicke mit den Fingernägeln in seine Brustwarzen, bis er stöhnt: »Nicht so fest, nicht so fest!«

»Wie heißt das? Das heißt: Gnade, merk es dir.«

»Ja, Herrin, Gnade, bitte, Gnade!«

»So ist's schon besser. Aber nun werd ich dich einmal den anderen dort unten vorstellen. Alle sollen sehen, was du für ein Nichts bist, daß du nur für mich da bist, mein Lustobjekt.«

»Wie Herrin wünschen.«

Ich binde ihm die Ganzmaske um, damit er nicht erkannt wird. Lege ihm das Halsband mit der Kette um: »Du wirst nun hinuntergeführt, wie es sich für einen Sklaven gehört – an der Kette. So weiß jeder, der dich sieht, daß du keinen eigenen Willen mehr hast und nur noch mir gehörst – Antworte!«

»Ja, Herrin!«

»Ist das alles? Freust du dich nicht auf die Demütigung?«

»Ja, Herrin, ich freue mich.«

»Gut.« Und wie zur Unterstreichung greife ich ihm in die Hoden, bis er stöhnt. Wir gehen langsam die Treppe hinunter. Auf jedem Treppenabsatz gibt es eine kleine, wohltuende Folter! An der Kette führe ich ihn in den Koberraum. Dann zum Fenster. Sofort sammelt sich eine Schar Schaulustiger. Ich öffne das Fenster, damit alle zuhören können.

»So, und nun auf die Knie, du Objekt, du Nichts! Du bist gerade soviel wert, daß die Herrin sich über dir entlädt. Als Toilette bist du vielleicht zu gebrauchen. Oder als Toilettenpapier.«

Er flüstert: »Ach, wunderbar, den Abtreter nicht vergessen.« Der genießt das wirklich! Und ich mache weiter im Text. »Aber im Moment benutze ich dich als meinen Abtreter.« Bei diesen Worten setze ich meinen Fuß auf seinen Nacken, trete zu, damit er etwas von meinem Gewicht spürt: »Mit der Nase an meine Stiefel. Dort darfst du ein wenig schnüffeln!«

»Danke, Herrin.«

»Wer hat dir erlaubt zu sprechen? Wenn du unbedingt sprechen willst, wirst du jetzt für die Menschen da draußen folgendes nachsprechen: ›Ich bin ein Nichts.‹«

»Ich bin ein Nichts.«

»Ich bin das Lustobjekt meiner Herrin.«

»Ich bin das Lustobjekt meiner Herrin.«

»Nur dazu da, ihr in allem zu dienen.«

»Nur dazu da, ihr in allem zu dienen.«

»Gut war das. Dafür hast du dir jetzt eine Belohnung verdient. Steh auf!« Er steht auf. »Komm näher! Dreh dich herum!« Er steht mit dem Rücken zu mir, so komme ich an die Schnalle des nagelbesetzten BHs. Ich öffne die Schnalle, ziehe sie schnell ganz fest zu. Er schreit, brüllt. Der Penis schnellt hoch.

Das war in seinem Drehbuch nicht vorgesehen, das merke ich! Die Menge draußen starrt entsetzt. Als er aufhört zu brüllen, sind selbst die bis dahin sprücheklopfenden Jungerwachsenen, diejenigen, die sich mit der Bierdose in der Hand stark machen, still geworden. Einige ziehen verlegen ab, jetzt allerdings mit den Händen außerhalb der Hosentaschen. Zwei ziehen ihre Kämme aus der Tasche, bringen ihre Haare in Ordnung, grüßen.

Ob die nur Angst oder etwas begriffen haben, frage ich mich. Wir gehen wieder hoch. »Du darfst jetzt deinen Schwanz in die Hand nehmen.« Er tut es, steht mitten im Raum. Ich setze mich und schlage die Beine übereinander. Mit einem Stiefelabsatz ziele ich auf die Hoden, bin aber zu weit von ihm entfernt, um ihn zu treffen. »Und während du nun hier vor mir wichst und deinen Saft rausläßt, werde ich dir gleich da so richtig genußvoll hineintreten.«

»Nein, nein, Herrin«, schreit er, und dabei passiert's auch schon.

Als ich ihn aus seinen Ledersachen schäle, lachen wir – er ist ein freundlicher, witziger Mensch, sagt: »Nun hatte die Welt ihren Skandal da unten, und i hoab mei Ruah.«

Eine ganze Weile fixiert mich ein Gast. Er ist groß, mittelblond, etwa Dreißig und kommt, als wir oben sind, zur Sache, als könne es ihm nicht schnell genug gehen.

Er möchte hingerichtet werden – Tod durch Ersticken.

»Ich bin das Opfer«, trägt er cool vor.

»Schuldig oder unschuldig?« frage ich.

»Unschuldig, natürlich.«

»Warum natürlich?«

»Weil ich dann mehr leiden muß.«

»Aha.« Also, der liebt wirklich das Leiden! Zumindest mit dem Mund. Mal sehen, wie es in der Praxis aussieht!

»Und du mußt bitte ganz in Schwarz sein. Nach Möglichkeit mit Lederkapuze und langen, schwarzen Handschuhen. Hast du so was?«

Ich zeige beides. »Willst du bei der Hinrichtung ans Kreuz oder auf die Streckbank?«

»Auf die Streckbank, denn dann bin ich völlig passiv, wenn ich so daliegen muß.«

»Gut, Christoph, alles besprochen, nichts vergessen? Dann kann's losgehen.«

Nach den üblichen Vorbereitungen, Bezahlen, Ausziehen, Waschen, Abbinden der Hoden, Anziehen des Gummis legt er sich auf die Streckbank. Ich bringe die Fesseln an Händen und Füßen an, die ihrerseits an der Streckbank befestigt sind. Dieses Gerät ist einmalig in der Straße, und manchmal kommen Frauen aus anderen Häusern mit ihren Gästen extra wegen dieser Streckbank zu uns.

Langsam drehe ich die große, knarrende Kurbel. »Klack, klack, klack.« Stille. Und noch einmal: »Klack, klack, klack«, wie in einer mittelalterlichen Folterkammer. Die Kurbel befindet sich am Fußende, und er kann mich während dieser Aktion nicht sehen. Das erhöht die Spannung.

Dann ziehe ich die schwarze Henkerskapuze über den Kopf, streife die langen Handschuhe über. Mit schweren Schritten gehe ich auf die Streckbank zu – es darf auch nicht zu dramatisch sein, sonst wirkt es eher lächerlich –, lege die Hände um seinen Hals. »Wunderbar, ein unschuldiges Opfer heute wieder. Ich werde dich jetzt töten, indem ich dir langsam die Kehle zudrücke. Wie einen Schraubstock werde ich meine Hände um deinen Hals legen, so lange, bis dir die Luft ausgeht und du schön erstickst.« Langsam drücke ich zu – bei so einem jungen kräftigen und jetzt fest angespannten Hals ganz schön anstrengend!

Plötzlich würgt er, versucht zu sprechen, ich höre so was wie »genug«. Da lasse ich los. »Jetzt hast du mich aber übertölpelt, nicht wahr? Denn letztlich hast ja du den Befehl zum Aufhören gegeben«, sage ich.

»Ich habe plötzlich solche Angst gehabt«, gibt er da zu.

»Das sollst und willst du ja auch. Wenn allerdings du den Befehl zum Aufhören gibst, dann bringt das nichts. Wir machen das noch mal, ja? Und selbst wenn du mir klarzumachen versuchst, ich soll aufhören, werde ich es nicht tun, in Ordnung?«

»Dann wird es jetzt wohl ernst?«

»Allerdings. Willst du noch?«

»Ja.«

Wir wiederholen das Ganze, aber diesmal setze ich mich auf seinen Körper, so hab ich sein Gesicht direkter vor mir, kann ihn besser beobachten. Außerdem wirkt das bedrohlicher, wenn ich so von oben mit den Händen auf ihn zugehe.

Ich drücke zu, wieder der kräftige Gegendruck seiner Halsmuskulatur. Ich lasse nicht locker, fest und ständig drücke ich. Endlich hört er auf zu atmen. Der Körper entspannt sich, in den Augen verändert sich etwas. Sie werden klarer, treten etwas heraus. Tränen fließen. Ich halte diesen Zustand noch Bruchteile von Sekunden, ich weiß, ich muß loslassen, bevor die Augen verschwimmen und ihm tatsächlich etwas passiert. Ich lasse los. Er atmet tief durch: »Das war gut, sehr gut. Ganz, ganz tief drin in mir war ich.«

»Aber, kein Orgi?«

»Das ist mir nicht so wichtig dabei, die Hauptsache ist das geistige Erlebnis.«

Gerade gestern habe ich in der Zeitung gelesen, daß allein in Amsterdam jährlich mehr als hundert Männer den Erstickungstod sterben, weil sie sich während des Masturbierens selber strangulieren. Mir zittern ein bißchen die Knie.

Je länger ich hier arbeite, desto öfter geschieht es, daß ein Gast nicht nach »Alexa«, sondern nach der »Theologin« fragt. Sie wollen immer häufiger über alles sprechen. Vor die Wahl gestellt – manchmal muß ein Mann sich aus Geldgründen entscheiden –, wird das Gespräch der »Aktion« vorgezogen.

Da steht einer am Fenster und möchte hereinkommen, den ich anfangs gar nicht ernst nehme. Er ist klein, schmächtig, knapp über vierzig, angetrunken, eher schüchtern und verklemmt und starrt mich nur an. Auf meine etwas ungeduldige Frage am Fenster: »Ja, weißt du überhaupt, daß ich nur pervers mache?« nickt er heftig. »Ja, ja, aber laß mich rein, hier kann ich nicht sprechen.« Etwas skeptisch öffne ich ihm die Tür, ich spüre, er war noch nie im Puff. Im Atelier, nach seinen Erfahrungen befragt, sagt er: »Und ob ich perverse Erfahrungen habe! Ich war ja schließlich in einem katholischen Internat.«

Ach, denke ich, ein Schwätzer, der sich beklagen will, und nachdem ich eine Weile zugehört hab, frag ich, ob er reden oder eine geile Sache machen will, denn für das wenige Geld, das er gezahlt hat, kann er nicht beides haben.

»Ich komme bestimmt wieder«, sagt er, »ich kann das doch niemandem sonst sagen. Hör erst mal zu.«

»Na ja, geschlagen worden sind früher viele. Und nun zieh dich erst mal aus.«

Er schämt sich. »Siehst du nicht, wie verklemmt ich bin?«

»Ja, aber wenn du schon perverse Sachen gemacht hast, dann lebst du das doch alles aus. Oder warst du doch noch nie bei einer Domina?«

»Also, so gesehen, nicht, aber ich weiß, was pervers ist, das kann ich dir flüstern.«

Ich merke, er muß erst erzählen – es gibt eben auch mal einen Sozialfall –, lehne mich auf meinem Sessel zurück – der Gast hat nur einen Stuhl – und höre. Er spricht abgehackt, durcheinander. Erst nach und nach ergibt sich ein Bild von seinem Leben. Als Zwölfjähriger kam er in ein katholisches Internat, in dem auch Nonnen unterrichteten. Die »Erziehung« bestand darin, daß nach einem nicht durchschaubaren System Strafpunkte verteilt wurden. Hatte der Schüler eine bestimmte Anzahl erreicht, wurde er bestraft. Dann stand Schwester Margot mit der Liste der »Übeltäter« an der Tür des Schlafsaales und rief den betreffenden Schüler auf. Nur mit der Unterhose bekleidet, mußte der vortreten. Die Schwester packte ihn an den Genitalien und zog ihn an seinem kleinen Schwanz hinter sich her, um ihn gleich einer anderen Schwester zu übergeben mit den Worten: »Da hast du ihn.« Der Sünder kam dann in den dunklen Keller, wurde dort angebunden und ausgepeitscht. Und zwar von jeder Schwester, die gerade Lust dazu hatte. Ich frage mich: Was ist hierbei Realität, was Phantasie?

»Und das hat dich geil gemacht?« frage ich.

Er schreit gequält auf, schlägt auf sein Kleinod ein. »Ja, manchmal stand das kleine Ding. Ich war doch noch so klein! Und dann gab es noch mehr Dresche, wenn sie das gesehen haben. Ich war immer vom Hintern bis zum Rücken herauf grün und blau geschlagen.«

»Ist dir dabei einer abgegangen?«

»Was heißt das schon, ich war ja noch so klein. Es wurde mir da manchmal naß, ja.« Er windet sich. »Es ist alles so grauenhaft, guck mal, da hab ich überhaupt kein Gefühl mehr drin«, und er schlägt wieder auf seine Genitalien ein. »Mit diesem Ding ist doch überhaupt nichts los.«

»Ja, kannst du denn überhaupt ficken?«

»Ja und nein, was heißt das schon. Dir kann ich es ja sagen. Als ich aus dem Internat gekommen bin, hatte ich so einen Haß auf die Frauen, daß ich meinem ersten Mädel einfach erst mal eine gescheuert habe, einfach so, stell dir das vor!«

Ich sehe ihn nur an.

»Im Kloster gab es verschiedene Strafformen. Bettnässer wurden auf dem Hof ausgestellt. In seine Hoden wurden Wäscheklammern gezwickt, er wurde verspottet: ›Damit jeder sieht, was du für ein Ferkel bist.‹«

Ich habe genug gehört.

Traum, Wunsch? Allmählich sollten wir zur Tat schreiten. »Es war sicher nicht einfach für dich hierherzukommen. Hast du dir deshalb Mut angetrunken?«

»Ja.«

»Wollen wir ein paar Erlebnisse von damals durchspielen und dann darüber sprechen?«

Schon steht er auf. »Ich habe sowieso keinen Willen, mach mit mir, was du willst. Der Herr ist dennoch mit dir.« Dabei bekreuzigt er sich. Das ist runtergerattert, das kennt er. So was hab ich noch nicht erlebt. Was hat man nur mit diesem Kind gemacht!

Ich lege ihn über den Bock. Nach drei Schlägen mit der Neunschwänzigen bedankt er sich höflich und sagt: »Ich merke nichts.«

Nun stelle ich ihn vor mich hin, ziehe an seinen Hoden und sagte Texte wie: »Du nichtsnutziger Bengel, du! Was soll nur aus dir werden?« Schlag auf den Po. »Ich werde schon dafür sorgen, daß was aus dir wird«, und ähnliches.

Ich spüre, das kennt er, begebe mich innerlich voll in die Situation. Mache weiter. Jetzt wären Aufarbeitung und Heilung möglich!

Ein andächtiges Jungengesicht schaut mich während dieser Erniedrigungen anhimmelnd an. Ist das der Mittvierziger von vorhin? Bei bestimmten Sätzen nickt er heftig, die scheint er gut zu kennen.

Plötzlich. »Schwester Margot, darf ich Sie lecken?« Nun ist er drin, im Damals. Ich hab's geschafft.

»Kannst du das denn?«

»Wenn ich es nicht richtig mache, krieg ich Schläge.«

»Mit dem Rohrstock oder mit der Peitsche?«

»Wie die Schwester es wünscht.«

»Und hat die Schwester Margot einen Schlüpfer an?«

»Ja, aber der ist ganz naß, denn die Schwester Margot hat geschwitzt, und ich muß sie sauberlecken.«

Ich muß schlucken. »Du bist ein Schwein, ein Nichtsnutz«. Ich haue auf seinen Hintern. Er grinst, auch diese Sätze kennt er. »Du willst mich lecken, du Schwein?«

»Ja, Schwester Margot, weil Sie es so wünschen.«

Es gibt ja Gäste, die sich ihren Text ausdenken. Aber das zustimmende, erkennende Nicken bei bestimmten Sätzen von mir, der nur hin und wieder bei einigen Sätzen schwach erigierte Penis, der ganze Ausdruck dieses Menschen, er ist jetzt wie ein Zwölfjähriger, zeigen mir: Der muß das erlebt haben. Frage ist nur: Mit wem?

Irgendwann mache ich Schluß. Zum Orgasmus kommt es eh nicht. Da schreit er heraus: »Und meine Mutter, die ich nicht als Mutter anerkenne, sagt: Ja, ich hab dich ins

Internat geschickt. Jeder kann mal einen Fehler machen. Aber das ist doch mehr als ein Fehler. Mit mir ist doch nichts mehr los.« und wieder schlägt er auf seine Genitalien ein. »Auf die Beerdigung meiner Mutter werde ich nie gehen.« Das ist seine Rache.

Und immer wieder jammert er: »O Gott, wie schlimm ist es, daß ich nun hierherkommen mußte.« Ich versuche, ihn zu beruhigen. Frage nach seinem Beruf. Er ist Eisenflechter. Auch das noch! Dieser schmächtige Mensch! Der ganze Mensch eine einzige Kompensation. Was für ein Schicksal!

Ich sage ihm, er solle in zwei Wochen wiederkommen. Aber nüchtern. Ob er sich das traut? Ich muß ihn unbedingt dazu bringen, eine Therapie zu machen. Zum Abschied sagt er noch: »Und diese jungen Mädchen hier in der Straße wollen Dominas sein, die wissen ja nicht mal, wie das Wort pervers geschrieben wird. Die würden mich ja gar nicht verstehen, weil es solche Erziehungsmethoden heute ja gar nicht mehr gibt. Ich bin froh, dich kennengelernt zu haben. Hier kann ich reden.«

Als er gegangen ist, regnet es in Strömen. Der Himmel weint. Mein Herz auch.

10

Geilsein als Idee von Heilsein

Die Texte als Rituale

Geilsein als Idee von Heilsein ist lediglich eine Ahnung.

Lassen wir uns aber auf dieses Abenteuer Geilsein ein, entdecken wir ein riesiges Feld, eine – meist noch – unentdeckte Landschaft.

Geilsein ist eigentlich der Beginn für diese Reise in das Land der Erotik, des Sexus, der Vitalität.

Die Domina ist dabei die Reiseleiterin und -führerin, die Zeremonienmeisterin.

Ich verstand mich im Laufe der Zeit sogar als jemand, der den Gast zu einem kathartischen Erlebnis führt. Denn ich weiß: Ohne Er-lösung, also Lösung, gibt es kein Heil. Und Heil bedeutet für jeden etwas anderes, jeder hat sein eigenes Thema, das ich als Zeremonienmeisterin rituell auflöse.

Das Thema eines Gastes ist zum Beispiel: Ausgeliefert-sein und nicht wissen, was geschieht. Das sagt mir eine Kollegin, zu der er sonst immer geht und von der er sich die Erlaubnis geholt hat, heute zu mir kommen zu dürfen. Sonst hätte ich ihn auch nicht genommen. Solidarität muß sein. Außerdem gehört auch das bereits zum Ritual: Sie »leiht« ihn mir!

Ich packe ihn in Leder ein, Stück für Stück, bis zur Augenbinde. Bei jedem Stück spreche ich einen Satz wie eine Formel. »Jetzt hast du keine Heimat mehr.« – »Jetzt hast du keine Familie mehr.« – »Jetzt hast du keinen Namen mehr.« Und schließlich: »Jetzt hast du keinen Willen mehr.« Das Ganze klingt wie eine kultische Beschwörung.

Dann binde ich ihn mit dem Kopf nach unten ans Andreaskreuz, die Beine auseinander und spreche den

Text dazu: »Du bist auf dem Beduinenmarkt ausgestellt. Nur ein Stück Fleisch, nichts weiter. Es ist heiß. Fliegen krabbeln auf dir herum. Ein Esel kommt und leckt dich. Du kannst dich nicht bewegen, du hast keinen Willen.« Sein Penis ist stark erigiert.

Dann gehe ich nach unten, ans Fenster, lasse ihn allein. Nach einer halben Stunde gehe ich wieder hinauf. Wenn der Penis erschlafft ist, tropfe ich Wachs darauf. Anschließend wird mit einem Eiswürfel gekühlt. Und ich liefere immer wieder die Geschichte des Ausgeliefertseins dazu.

Als ich das nächste Mal hochkomme, wird er ins Joch gespannt, muß zusammengekauert dasitzen, ohne Willen. Ich teste das, indem ich einen Arm anhebe, fällt der nicht schlaff herunter, gibt es einen Schlag mit der Neunschwänzigen auf den Rücken. »Ohne Willen bist du, merk es dir. Ausgeliefert. Und jetzt, jetzt trete ich in deine Eier.«

Da kommt der Samenerguß.

Meine Worte dürfen nicht akademisch, sie müssen ordinär sein. Leider haben wir keine sehr differenzierte Sprache für den Sexualbereich, sondern nur eine entweder beschreibende, kalte, oder eine ordinäre. Es ist klar, welcher ich mich hier, wo es um Unterdrückung geht, bedienen muß.

Beim Umziehen läuft noch einmal ein Ritual ab. Bei jedem abgenommenen Lederstück bekommt er etwas wieder, die Heimat, die Familie und am Schluß in dem Moment, als ich ihm die Maske abnehme, seinen Namen. Er erwacht wie aus einer tiefen Trance, sieht mich strahlend an.

Ein anderer will »Kaviar« (Kot). Sein Text ist eindeutig. »Alles, was ich will, ist, dir zu dienen und dann zu zeigen, daß ich etwas Besonderes bin. Und um das zu beweisen, muß ich zeigen, daß ich alles, was du von dir gibst, schlucken muß. Ich habe keinen eigenen Willen, bin von dir besessen, also: Ich wünsche, daß du auf mir sitzt und daß, was immer du rausläßt, von mir geschluckt werden muß.«

Vor allem sagt er immer wieder:

»Bitte, versuch nicht, mich zu heilen, zu therapieren. Tust du das, dann bin ich weg. Denn ich lebe doch davon.«

Der letzte Satz zeigt deutlich, daß es sich hier um die Erfüllung eines Ritus handelt, der immer wiederholt werden soll. Ich lerne, daß fast alle Menschen die Sehnsucht nach bestimmten Ritualen kennen, nur die Zeremoniemeister fehlen.

Diejenigen Männer, die zu einer erfahrenen Domina gehen und hier ihre Probleme ausleben können, sind relativ gut dran. Andere plagen sich ihr Leben lang mit Schuldgefühlen oder kompensieren sie irgendwie, mehr schlecht als recht.

Die Wünsche, die an uns herangetragen werden, sind im Laufe der Zeit immer differenzierter geworden. Die Männer wollen immer mehr, immer heftigere, immer »perversere« Situationen erleben.

Und die Kundschaft wird immer jünger. Ich spreche mit einem Philosophiestudenten darüber, der mir seine Beweggründe, zu kommen, so erklärt: »Ich lebe derart im Kopf, daß ich kaum mehr die Möglichkeit habe, in meine Gefühle zu kommen. Mein Schwanz ist zwar erigiert, wenn ich mit einer tollen Frau zusammen bin, aber ich fühle nichts. Meinen Knoten, die ich im Kopf habe, muß ich ein Entsprechendes entgegensetzen, auch wenn ich Angst davor habe.«

Reaktionen im Privatleben

In meinem Berufsleben als Theologin wurde ich immer wieder, auch privat, in theologische Diskussionen verwickelt. Jetzt, wo ich mich überwiegend mit Sexualität beschäftige, sprechen die Menschen mich auf diesen Themenbereich an. Ich wundere mich, wie schnell sich meine Ausstrahlung geändert hat. Tat sie das? Oder spreche ich lediglich jetzt bei den Menschen ein starkes Defizit an?

Der Masseur im feinsten Hotel vor Ort zum Beispiel – einmal in der Woche leiste ich mir Schwimmen, Sauna und Massage – lädt mich zu einem Pärchenabend ein. Ich ahne zwar, was das sein kann, weiß es aber nicht genau und sage aus Neugier zu. Als wir eintreffen, ist schon Hochstimmung, etwa sechzehn Paare sind da, wenig bekleidet. Fröhlich und warmherzig werden wir empfangen.

Neben mir steht Renate, mein Begrüßungskuß auf ihren Hals läßt mich ihre gutriechende und feuchte Haut spüren. Mehr als nur angenehm überrascht wandert mein Mund zu den Schultern. Wir umarmen uns. Ich werde in den Wohnbereich geschoben. Sofort kommen mehrere Menschen auf mich zu, Männer wie Frauen, niemanden kenne ich. Sie sind offen und direkt: »Hast du schöne Brüste, das ist selten.« Ich bin völlig verdutzt, murmele etwas wie »gute Corsage«, und nehme behutsam mehrere tastende Hände weg. Ich habe mir vorgenommen, nicht zu vögeln, sondern meine Domina-Rolle durchzuhalten. Also ist Distanz angesagt.

Ich trage meine »volle Montur«: hockhackige Schuhe, keine Stiefel, Strümpfe mit Naht, Corsage, darüber das Lederkleid mit Gürtel, durchgehendem Doppelreißverschluß, von oben und unten so weit geöffnet, daß das Kleid nur unterhalb und oberhalb der Taille jeweils etwa zehn Zentimeter geschlossen ist, und um den Hals das obligatorische Lederband. Alles in Schwarz.

Wir kommen schnell miteinander ins Gespräch, es ist unverbindlich und völlig unverkrampft.

Plötzlich setzt sich Herbert neben mich: »Nenne ich dich Frau Gräfin?«

»Ja. Nur heute ohne Stiefel.«

»Die werden sicher gerade geputzt.«

»Genau. Von meinem Sklaven.«

»Aber doch wohl nicht mit normaler Schuhcreme.«

»Nein, mit seiner Spucke und seiner Zunge.«

Herbert schluckt, schließt die Augen.

Ich frage: »Und welche Erfahrungen hast du bereits mit Gräfinnen?«

»Nur sehr wenig, ich kenne nur den sogenannten Vorhof der Hölle.«

Es reizt mich, ihn anzutesten. Meine Hände greifen in

seinen Körper. Leise stöhnend, mit geschlossenen Augen, legt er sich aufs Sofa, ergibt sich. Die Menschen um uns herum nehme ich nur noch verschwommen wahr. Wir beide befinden uns nun in einem ganz eigenen Spannungs- und Energieraum. Als mir das bewußt wird, schau ich mich etwas verlegen um, sehe, wie die anderen gespannt Anteil nehmen. Susi, die halb neben uns liegt, sagt mit weit geöffneten Pupillen: »Es ist wunderschön zu sehen, wie und daß eine Frau so dominant sein kann.« Und Renate beugt sich zu mir. »So etwas hab ich noch nie gesehen, das ist so schön, so ästhetisch und total erotisch! Ich kann gar nichts mehr sagen. Macht weiter.«

Die anwesenden Männer wenden sich uns ebenfalls zu, sie schweigen.

Wie sich Herbert wohl fühlt? Ich frage ihn, er erwacht wie aus einer Trance. »Wunderbar fühle ich mich.« Er lacht. Die Stimme klingt fröhlich und stark.

»Ich kann dir keine weiteren Texte geben«, sage ich.

»Warum nicht?«

»Wegen der Leute hier, das hemmt mich.«

»Ach, macht doch nichts. Mach ruhig weiter.«

Ich komme wieder in meine Rolle, die Texte fliegen mir zu. Er ist sehr empfänglich für meine Worte. »Dein Körper gefällt mir, ich werde ihn benutzen, so, wie es mir Spaß macht. Hörst du? Und während ich ihn für mich erfühle und ertaste, ergreife ich Besitz von dir. Du bist nicht mehr du. Du bist nur du durch mich. All deine Gefühle gehören mir. Du fühlst nur das, was ich will, daß du es fühlst! Hast du mich verstanden?« Zur Unterstreichung des Gesagten greifen meine spitzen Fingernägel in die Innenseite seiner Schenkel, in seine Brustwarzen.`

Er stöhnt sein »Ja«.

»Und nun das Anfangsritual. Öffne deinen Mund, ich spucke dir hinein, das ist unsere Verbindung.« Ich spukke. »Gut schluckst du. Und nun werde ich dich richtig in Besitz nehmen.« Ich stelle mich über ihn, der spitze Bleistiftabsatz meines Schuhes berührt Hoden, Schwanz, Brustwarzen, Hals. Die Berührung wird vertieft, langsam drücke ich den Absatz in den Körper hinein, dann wieder kurz und schnell. Die Antwort ist Stöhnen, totale Hingabe. »Ein guter Sklave bist du, eignest dich als mein Bettvorleger, den ich benutze, wann und wie immer ich will. Hörst du mich?« Meine Stimme hat sich gesteigert. Er läßt sich los. Ich spüre, daß er nur noch will, was ich will. »Zeig mir, wie gut du lecken kannst.« Ich schiebe die Schuhspitze an seinen Mund, er nimmt sie. »Come on, suck it, I want to feel it, give me all the intensity you've got. I want to feel it, come on, more, more... Yeah, that's right, you're good. Und weil du so gut lecken kannst«, mein Mund ist nun an seinem Ohr, ich flüstere nachdrücklich, »wirst du belohnt. Du wirst mich gleich unter der Achsel lecken dürfen. Meine Schweißtropfen ablecken, meinen Geruch tief in dich hineinatmen, mein Geruch wird dich ganz erfüllen. Du gehörst mir. Hörst du?«

»Ja, Herrin!« Ganz leise kommt das, wie aus einer anderen Welt. Er leckt meine Achsel. Danach erwachen wir.

Ich schaue auf. Direkt in Susis Augen. Weit offen sind sie und tief. Zum Hineintauchen. Wir umarmen uns, sie küßt mich zärtlich. Sie hat wunderschöne große Brüste, in die ich behutsam greife. Sie kniet sich hin, reckt ihren Arsch hoch. Rund und einladend. Ich muß draufschlagen. Spätestens als sie »mehr« schreit, weiß ich, daß sie eine Sklavin ist. Ich gebe Herbert ein Zeichen, er kniet sich hinter sie, ich öffne ihre Backen, und während ich sie festhalte und ihr ins Ohr flüstere: »Alles wird gut, mein Schatz, er gibt's dir jetzt, und das wird dir guttun«, greifen Herberts Hände schon um die Hüften.

Es gibt nur noch uns drei, mit Herbert bin ich im Blickkontakt. Er stößt und stößt, sie schreit: »Mehr, gib's mir, schlag mich, bitte.« Herbert ist zuerst verdutzt, ich geb ihm schnell den Gürtel meines Kleides, nun schlägt er zu, nicht besonders fest, es klatscht nur schön. Ich erkenne mich in ihr wieder. Genau das gleiche habe ich gesagt und gefühlt mit *ihm*. Ein bißchen Wehmut kommt auf, wie gerne hätte ich gerade dieses hier jetzt mit ihm erlebt!

Aber er wollte ja überall die Regie selber übernehmen und erst mal alles für sich alleine haben!

»Genug«, sagt Susi. Entspannt fallen wir auseinander. Als mir Champagner gereicht wird, bin ich noch gefangen von der Wollust, der Schönheit des Erlebten. Dann gehe ich nach Hause, ich will mich auf nichts mehr einlassen. Sie sagen, sie hätten Wetten abgeschlossen darum, wer mich »schafft«.

Ich werde plötzlich ziemlich viel eingeladen, zum Essen, auf Parties, ins Kabarett. Man will mich kennenlernen. Mehrere Männer bieten mir an, bei ihnen zu wohnen. Nach der Arbeit werde ich außerhalb der Straße abgeholt, dann geht's noch irgendwohin. Meine Freunde sind mir gegenüber sehr unsicher, aber ziemlich fasziniert. Wenn ich als Theologin aufgetreten bin, da hat jeder Mann mich sofort besserwisserisch bekämpft. Jetzt finden keine Kämpfe statt, alles wird gemacht, wie ich es will. Ich empfinde es als sehr anstrengend, immer die Aktive sein zu müssen, ich habe das Gefühl, immer eine Rolle zu spielen, selbst im Privatleben. Das gesellschaftliche Sein bestimmt eben das Bewußtsein. Ich begreife, wie anstrengend das Leben der meisten Männer ist, die sich, immer noch häufiger als Frauen, eine bestimmte Rolle auferlegen und es nicht wagen, auch nur einen Schritt herauszutreten.

Alle, aber wirklich alle, denen ich hier begegne, sind außerordentlich sensibel. Und wenn ich die Kunden frage, aus welchem Grunde sie ihre Verletzbarkeit und vor allem ihre Angst, als nicht liebens-würdig zu erscheinen, ihren Frauen nicht zeigen, kommt fast immer die Antwort: »Täte ich das, käme die ganze Beziehung ins Wanken. Und das will ich nicht riskieren. Meine Frau hat doch ein ganz anderes Bild von mir. Ich will auf keinen Fall meine Frau verlieren.«

Ist diese Angst begründet? Ich fürchte fast, ja.

Zwei Gäste erlebe ich, denen die Frauen tatsächlich weggelaufen sind, nachdem sie sich ein Herz gefaßt und ihre Wünsche gestanden hatten.

Als ich zwischendurch nach München komme und einigen Freundinnen von meinen Erfahrungen erzähle, reagieren auch sie mit einem Schwall von moralischen Vorurteilen, gespeist aus Angst vor Sexualität und vor allem aus unterdrückter Wut auf »die Männer«. Sie übertragen das sogar auf mich, ziehen sich zurück, wollen nicht, daß ihre Freunde mit mir sprechen. Ich beginne durch diese Erfahrungen, für »die Männer« insgesamt einen »behutsam-genaueren« Blick zu entwickeln. Manchmal nehme ich einen Gast, der im Vorgespräch besonders starke Schuldgefühle zeigte, im Moment seines Orgasmus in den Arm, intuitiv, zärtlich, bevor sein Schuldgefühl wieder auftaucht, die Wunde wieder schmerzt. Manchmal frage ich mich, wie lange ich noch so weiterleben kann.

Masken

Mir fällt ein Text in die Hände, der auf das Thema Rollen und Masken eindrucksvoll eingeht:

»Bitte, hör, was ich nicht sage! Laß dich nicht von mir narren! Laß dich nicht durch das Gesicht täuschen, das ich zeige. Denn ich trage tausend Masken – Masken, die ich fürchte abzunehmen. Und keine davon bin ich. So tun, als ob, ist eine Kunst, die mir zur zweiten Natur wurde. Aber laß dich dadurch nicht täuschen, laß dich von mir nicht narren.

Ich mache den Eindruck, als sei ich umgänglich, als sei alles sonnig und heiter in mir, innen wie außen, als sei mein Name Vertrauen und mein Spiel Kühle, als sei ich ein stilles Wasser und als könne ich über alles bestimmen, so, als brauchte ich niemanden.

Aber glaub mir nicht, bitte, glaub mir nicht! Mein Äußeres mag sicher erscheinen, aber es ist meine Maske. Darunter ist nichts Entsprechendes. Darunter bin ich, wie ich wirklich bin, verwirrt, in Furcht und alleine. Aber ich verberge das. Ich möchte nicht, daß es irgend jemand merkt. Beim bloßen Gedanken an meine Schwächen bekomme ich Panik und fürchte mich davor, mich anderen überhaupt auszusetzen. Gerade deshalb erfinde ich verzweifelt Masken, hinter denen ich mich verbergen kann: eine lässige, kluge Fassade, die mir hilft, etwas vorzutäuschen, die mich vor dem wissenden Blick sichert, der mich erkennen würde. Dabei wäre dieser Blick gerade meine Rettung. Und ich weiß es. Wenn er verbunden wäre mit Angenommenwerden, mit Liebe. Das ist das einzige, das mir die Sicherheit geben würde, die ich mir selbst nicht geben kann: daß ich wirklich etwas wert bin.«

11

Rückkehr

Domina als Lebensaufgabe?

Als die Chefin nach drei Monaten sagt: »Du kannst jetzt alles«, sind meine Zweifel an dem neuen Beruf wie weggeblasen. Mir geht es doch gut, und überrascht stelle ich fest, daß die Art Sexualität, mit der wir es hier zu tun haben, auch für mich wichtig wird. Sie macht mich heiß, Hormone und Stoffwechsel funktionieren großartig. Jünger fühle ich mich und kräftiger. Die Depressionen schwinden.

Es folgen ein paar Monate, in denen ich verwundert spüre: Ich löse mich von *ihm*. Und als eine Kollegin irgendwann sagt: »Hast du schon bemerkt, daß nicht mehr jeder dritte Satz bei dir mit *er* beginnt?« spüre ich Freiheit. Ich will nie wieder so leiden, nie wieder.

Ich glaube, ich liebe nicht *einen* Mann, ich liebe *die* Männer. Wenn ich will, kann ich alles haben. Ein wunderbarer Zustand. Das wirkt sich aus, bringt eine Menge Gäste. Ich verdiene ziemlich viel Geld.

Wie soll es weitergehen? Ist Domina eine Lebensaufgabe für mich?

Eine siebzigjährige Frau, die ich kenne, will aufhören. Sie hat ein großes Etablissement mit vier »Sklavinnen«. Siebzigtausend Mark Abstand und dreitausend monatliche Leibrente will sie, dafür bekäme ich auch noch die Kundenkartei.

Aber das traue ich mir doch nicht zu. Dafür fühle ich mich zu neu im Gewerbe.

Eine andere Frau rät mir, »mit Sklavinnen« zu arbeiten. »Das ist ein gutes Geschäft, du glaubst gar nicht, wie viele verheiratete Frauen da gern mitmachen, ein- oder zweimal die Woche. Sklavinnen werden doppelt so hoch bezahlt wie Dominas, der Job ist auch gefährlicher, es muß immer jemand dabeisein und aufpassen, daß ihr nichts Ernsthaftes passiert. Ist ein Mann im Rausch, schlägt er manchmal blind zu.« Sie will mich zur Chefin ausbilden.

Ist das meine Lebensaufgabe?

Zwei »normale« Frauen bieten mir an, mit ihnen zusammen einen exklusiven Callgirl-Ring aufzubauen. »Wir haben dich beobachtet, wie du mit den Männern umgehst. Du brauchst nicht mehr selbst zu ackern bei deiner Intelligenz und Lebenserfahrung. Wir laufen für dich. Du wirst dich auch gut um uns kümmern. Wie wär's mit fifty-fifty?«

Im Nu sind es drei. Nun muß ich mir ernsthafte Gedanken machen, denn einige Tage später kommen sie bereits mit ihren Aufnahmen für die »Präsentationsmappe«.

Für die Wohnung, in die ich bald ziehen werde, brauche ich nur eine zweite Telefonleitung und eine Einrichtung für den Raum, in dem die Kontaktgespräche stattfinden sollen. Ich gehe zum größten Möbelgeschäft Hamburgs und bestellte alt-englische Mahagonimöbel.

Habe ich mich wirklich dafür entschieden?

Dann kommt ein Gast aus Tanger zurück und erzählt von einem Exclusiv-Hotel und den Mädchen im oberen Geschoß. »Deutsche Mädchen verdienen dort ausgezeichnet. Und eine deutsche Frau als Managerin würden sie wohl haben wollen. Sieh es dir an, wir können jederzeit hinfliegen. Wenn du richtig mit den Leuten umgehst dort – und ich hab dich ja erlebt –, hast du sogar Polizeischutz.«

Ich weiß nur eines ganz sicher. Ich will nie wieder so leiden, nie wieder.

Bin ich denn wirklich weg von *ihm*?

Er spielt keine Rolle mehr, nicht in meinen Gedanken, nicht in meinen Gefühlen, nicht in meinen Phantasien. Dafür empfinde ich auch nichts mehr. Meine sexuellen Phantasiegeschichten kreisten immer um ihn. Er war stets dabei. Jetzt fühle ich mich wie ausgebrannt.

Ich schreibe ihm das, nach so vielen Monaten. Gebe ihm alle meine Telefonnummern.

Er ruft zurück, zu Hause, wir reden nur über Sex, ich kriege wieder Saft. Das reicht mir. Ich will nie wieder so leiden!

Dann, Ostern, treffen wir uns. Er ist überrascht über mein gutes Aussehen. »Ja, die vielen Männer tun mir gut!« Er reagiert verwirrt über meinen forschen Ton. Ich zahle manches heim. Trotzdem verbringen wir schöne Nächte. Am Schluß aber fühle ich mich sehr weit weg von ihm. Irgendwie bin ich froh darüber.

Die Ratschläge meiner Müttergeneration fallen mir ein: »Liebe nie einen Mann zu sehr, dann tut es dir nur weh.« Und: »Kein Mann auf der ganzen Welt ist es wert, daß eine Frau sich weh tun läßt.«

Lausein also? Das ist schwer für einen Alles-oder-nichts-Typ, wie ich es bin.

Dann ruft *er* auch im Puff an, zögernd erst, dann immer öfter. Ich soll ihm erzählen, was ich mit den Männern gemacht habe! Das haut mich fast um. Er steigt in meiner Achtung. Auch die Kolleginnen sind überrascht, denn für einen Mann, der nicht aus der Szene kommt, ist diese Reaktion nicht selbstverständlich. »Entweder der liebt dich tatsächlich und verkneift sich seinen Ärger, oder er ist einer von Tausenden, die innerlich wirklich frei sind.«

Ich weiß es nicht.

Als ich ihn wegen meiner Zukunftsalternativen um Rat frage, da reagiert er für mich unverständlich. »Ich dachte, du wolltest mit dem Ganzen mal wieder eine deiner Marotten ausleben. Ich hab mir gesagt, die Olle spinnt mal wieder. Du willst das im Ernst weitermachen?«

Ich bin überrascht, daß er so langsam denkt: »Aber das war doch klar. Ich hab doch auch schon eine Wohnung.«

»Wo? Wann?«

»Morgen unterschreibe ich den Mietvertrag. In zwei Wochen ziehe ich ein.«

Als ich die erste Fuhre mit Möbeln aus München hole,

will er, daß ich den Mietvertrag sofort wieder kündige. »Ja, ja«, sage ich und denke: »Nee, nee, mein Freund, ich hab die Faxen dicke mit dir und deinen Weibern.« Da hält er mich plötzlich ganz fest und sagt: »Du verschweigst mir was. Ich kenne dich!« Das verschlägt mir die Sprache. Er, der immer so arrogant war, mich immer so kleingemacht hat, er will mich kennen?

Als ich zehn Tage später wieder in München bin, um die nächste Fuhre zu holen, wird er richtig böse. Ich verstehe ihn nicht. Er müßte doch wissen, wie sehr ich Hamburg brauche, meinen Job, das Wasser, das Fischessen und dann diese tolle Wohnung!

Ich frage ihn nach der Anderen. »Die gibt's nicht mehr«, sagt er. Ich glaube ihm kein Wort und sage: »Wir schließen einen Kompromiß. Du kannst hier machen, was du willst, es interessiert mich nicht, ich mache in Hamburg, was ich will, und ein- oder zweimal im Monat können wir uns sehen. Mehr haben wir uns damals ja auch nicht gesehen. Wir besuchen uns abwechselnd. Mir reicht das.«

Ihm reicht das nicht. Vor sieben Monaten noch wäre ich vor Freude in die Luft gesprungen über diese Nachricht. Da macht er einen Vorschlag: Ich könne diese Arbeit doch auch hier machen, er würde mich unterstützen. Und er entwirft im Geiste schon das Superhaus, ganz in Marmor, mit riesigen Spiegeln, einen Palast für die Königin der Nacht.

Ich fahre zurück zu meiner Arbeit nach Hamburg. Doch seine abendlichen Anrufe irritieren mich, sie haben zur Folge, daß ich anschließend kein anderes Gesicht mehr sehen kann. Diese geilen Gesichter da draußen und seine schöne Haut, den Kontrast ertrage ich nicht mehr.

In kaum einem anderen Beruf schlägt sich die innere Verfassung so schnell auf den Geldbeutel nieder wie hier – es kommen nur noch Stammgäste, keine Neuen mehr. Um davon leben zu können, habe ich davon noch nicht genug.

Jetzt bin ich vollkommen ratlos, ich weiß nur immer noch ganz genau: *Nie wieder will ich so leiden, nie wieder.*

»Wenn du so weitermachst, kommst du da nie mehr raus. Und dann gehst du bald den Bach runter.« Das ist *sein* nächster Satz. Dann, ein paar Wochen später, kommt Druck. »Wenn du weitermachst, will ich dich jetzt auch nicht mehr sehen. Es geht bald los mit dir: Sieh diese Falten in deinem Gesicht. Das wird noch schlimmer werden – Lebensfrustration. Dann kommt der Leberschaden dazu. Erzähl mir nichts, ich kenn mich aus.«

»Je länger du dabei bist, desto schwerer wird der Absprung«, sagen die Frauen und eine, die mir näher steht als die anderen: »Du kommst hier nicht mehr raus, das ist wie im Bau: einmal im Bau, immer im Bau. Sieh mich an, wie oft hab ich es schon versucht.«

Da werde ich wütend. Zum erstenmal, solange ich hier bin, gehe ich zum offenen Angriff über, knallhart ist meine Stimme: »Hör endlich auf! Du kannst nur von dir selber reden. Wenn du es nicht schaffst, dann ist das deine Sache. Vergleich dich nicht mit mir. Ich schaffe es. Ich schaffe alles, wenn ich es nur will. Merk dir das!«

Da wird sie überraschend ruhig, kaum ein Wort spricht sie die nächsten Tage. Ich mache mir Gewissensbisse. War ich zu überheblich? Nach Wochen sagt sie dann: »Das war überzeugender als alle Sozialarbeiter, mit denen ich schon gesprochen habe. Du hast mich beschämt. Danke. Ich schaffe es.« Zwei Wochen später ist sie verschwunden, spurlos. Kommt nie zurück.

Die Frage für mich ist nicht, ob ich kann, die Frage ist, ob ich will.

Morgens, wenn ich gegen vier Uhr nach Hause gehe, und der Morgen beginnt mit einem wunderschönen Morgenrot, fühle ich Freiheit!

Abends, wenn ich zur Schicht gehe, die Touristen auf dem Kiez beobachte, wie sie gelangweilt im Café herumsitzen oder durch die Straßen ziehen, und mein Leben dagegenhalte: heiß, lebendig, ex- und konzentrisch zugleich, fühle ich Freiheit!

Tags, wenn ich nach erholsamen Schlaf an der Elbe sonnenbade, den duftenden Rosensommer genieße oder auf dem Kiez schöne Klamotten einkaufe, im Hafen sitze, dort das geschäftige Treiben betrachte, fühle ich Freiheit.

Will ich diese Freiheit aufgeben?

Wofür?

Für ein langweiliges Familienleben?

Für eine Liebe, von der man nie weiß, wie lange sie hält?

Andererseits sehe ich jetzt, daß auch viel Dominas psychisch krank werden. »Wir brauchen eigentlich eine ganz spezielle Behandlung«, sagen die Frauen. Ich versuche, so etwas für mich zu bekommen, als Prophylaxe. Schreibe an Gestalttherapeuten, an den Psychologenverband, bekomme keine Antwort! Wenn ich schon mit meiner Hintergrundausbildung als Theologin keine Antwort bekomme, dann bekommen die Frauen hier doch erst recht keine!

Es wundert mich nun nicht mehr, daß die Frauen hier zwei- bis dreimal im Jahr einen langen und möglichst exklusiven Urlaub machen, ohne Sex und ohne Männer.

Die Arbeit »oben« geht ja noch. Schlimm sind aber die Aggressionen der durchlaufenden Männer. Hier lassen sie »die Sau raus«. Und dieser Trend nimmt zu. Wenn dann kein Umsatz kommt und man nur diesen Aggressionen ausgesetzt ist, stundenlang manchmal, dann ist der Frust so groß, daß der Griff zur Droge eingeplant ist. Auch ich probiere Koks, das macht mich high – ich weiß, daß das nicht der Weg sein darf. Die Frauen warnen mich. Ist Abspringen die einzige Möglichkeit?

Aber Abspringen wohin?

Zu ihm und mir!

Angekommen

Ich kehre zurück. Eines weiß ich – und ich sag's *ihm* auch: »Ich will nie wieder geschlagen werden.« Und: »Mich schlägt kein Mann mehr.« Das ist vorbei. Das Leben ist

schon schwer genug, da brauche ich nicht auch noch
Schläge. Kein Mensch hat das Recht, einen anderen zu
schlagen, wenn der andere es nicht will.

Das verstößt gegen das Grundgesetz. Die Würde des
Menschen ist unantastbar.

Rückkehr, das soll sein: Ein neues Leben, ein neues Leben
mit ihm.

Ich habe Glück. Aus Hörigkeit wird Zauber, aus Abhängigkeit wird Bann.

Um keinen Preis der Welt will ich mehr auf unsere
Liebe verzichten!

Doch noch mehr will ich.

»Was ist mit deinem Gott?«

Da sagt er: »Denkst du denn, ich habe keinen? Ich bete
nicht? Vor jeder größeren Aufgabe sage ich: Gott, ich gebe
mich dir hin, sei bei mir, hilf mir.«

Endlich, endlich, endlich!

Wie lange habe ich darauf schon gewartet. Meine Tränen rollen – danke –, jetzt kann es mit uns beginnen.

Norbert Lohfink schicke ich mein »Tagebuch der Alexa«.
Er antwortet schnell. »Ich konnte nicht aufhören zu lesen,
frage am Schluß aber: Wo geht Alexa hin?«

Ja, wo geht Alexa hin? Wieder jobben?

Es geht um mehr: um eine Aufgabe, um Be-rufung und
damit Identität.

Zuerst überlege ich, ob ich aus all den Erfahrungen eine
sexualwissenschaftliche Dissertation machen soll. Dann
die Zweifel. Soll ich noch mal in eine Art studentischen
Lebens zurück? Die Volkshochschule frage ich, ob ich dort
Kurse in Bibliodrama abhalten kann – ja, aber erst mal nur
einen im Semester, um zu sehen, ob es läuft. Davon kann
ich nicht leben.

Da kommt ein Angebot von einem Verlag. »Machen Sie
aus all Ihren Erfahrungen ein Buch, Theoretisches gibt's
schon genug, Erlebtes interessiert die Menschen.«

Das wär was, ja. Nur: Unter all das auch meinen

Namen setzen? Beginnen dann die Verleumdungskampagnen nicht von vorn? Diesmal vielleicht von den Frauen? Gebranntes Kind scheut das Feuer.

»Wenn Sie ein Tabuthema aufgreifen und mit einem anderen Namen zeichnen, setzen Sie ein neues Tabu!«

Stimmt. Sechs Wochen quälendes Abwägen – Magen, Bauch und Kopf spielen verrückt, dann entscheide ich mich: Ich springe wieder mal, noch mal. Gebe meinen Namen.

Und Gott? Herrgott, du wirst mir helfen, wirst mir Kraft und Trost geben, wenn ich nicht weiterweiß.

Die Glocken läuten, da weint mein Herz nicht mehr.

Ich kann sie wieder hören. Ihr Ruf bringt mich zwar nicht zur Kirche, aber ins Gebet:

Deus incarnatus – geheiliget sei Dein Name!

Inhaltsverzeichnis

Heyne Sachbuch

Heyne Sachbücher zum Thema Liebe und Sexualität

19/100

17/50

19/142

19/151

19/122

19/136

Wilhelm Heyne Verlag München

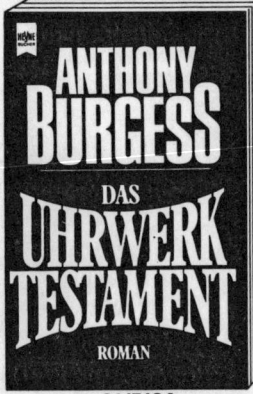
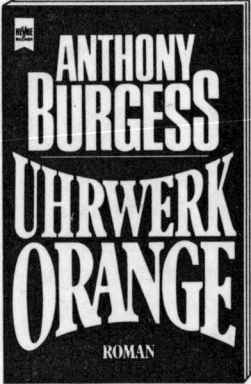